Johanna Haberer

Leben in der Anderswelt

Johanna Haberer

LEBEN in der Anderswelt

Ein spiritueller Ratgeber durch das Netz

KREUZ

© privat

Die geborene Münchnerin Johanna Haberer studierte Germanistik, Theaterwissenschaft und Theologie. Nach Stationen u.a. bei der Evangelischen Funkagentur (efa), als Redakteurin bei EIKON, Chefredakteurin des „Sonntagsblattes – Evangelische Wochenzeitung für Bayern“ war sie Rundfunkbeauftragte des Rates der Evangelischen Kirche in Deutschland. Seit 2001 ist Johanna Haberer Professorin für Christliche Publizistik an der Theologischen Fakultät der Friedrich-Alexander-Universität Erlangen-Nürnberg. Sie ist Mitglied in der Datenethikkommission der Bundesregierung.

FSC
www.fsc.org
MIX
Papier aus verantwortungsvollen Quellen
FSC® C083411

www.kreuz-verlag.de

Umschlag: griesbeckdesign.de
Satz: NagelSatz, Reutlingen
Herstellung: CPI books GmbH, Leck
ISBN 978-3-946905-24-0

Auch als eBook

Inhalt

1. Kapitel

Von der Christlichen Lebenskunst in codierten Zeiten. Oder: Die Religion der Nummern

> Die Namen könnt ihr vergessen. Das ist nur Ballast. Was bedeutet schon ein Name, aber eine Nummer ist immer ernst – und genau. Ihr seid Nummern geworden. Verstanden?
>
> *Josef Lánik*[1]

Es geht um unsere Seele in diesem Buch. Es geht um unsere Wahrnehmung der Welt, unsere Orientierung darin, um Wahrheit und Lüge, um Liebe und Hass, um Aufmerksamkeit und Anerkennung, um Mitleid und Empathie, um Macht und Widerstand. Es geht um unsere Spiritualität und um Religion. Es geht um unser Menschsein, wie wir es kannten.

Es ist merkwürdig, dass von den Religionsvertretern Deutschlands, Europas und Amerikas, also der jüdisch-christlichen Kultur westlicher Prägung, noch kein Aufschrei kam. Oder wenigstens eine intellektuelle Kraftanstrengung unternommen wurde, um zu beschreiben und zu begreifen, was die Digitalisierung unserer Welt, ihre totale Durchdringung durch Algorithmen, ihre vermessene Vermessung aller Lebensbereiche, ihre Umwandlung in ein ewiges Vergleichen für unser Zusammenleben bedeutet – für unsere Kommunikation, unsere zwischenmenschlichen Beziehungen, ja das Gelingen unseres Lebens.

Wir Menschen und Christen müssen zeitnah Anstrengungen unternehmen, um zu begreifen, warum unsere Gesellschaften erodieren, woher der Hass kommt und die Wut und die Lust, den Mitmenschen übel nachzureden, sie zu beobachten, zu kommentieren oder sie gar mit „Scheiße-Stürmen" zu überziehen.

Die sogenannte „Digitalisierung" und in deren Gefolge die „Mediatisierung"[2] unserer Welt hat so viele Gesichter, wie es Lebensbereiche gibt. Sie ist zu einer Art Skelett unserer Gesellschaft geworden. Es ist kein Zahlungsverkehr mehr denkbar, kein Behördengang, kein Autokauf, keine Finanzverwaltung oder Versicherung und keine Bibliothek, auch keine Kirche – ohne die verarbeiteten persönlichen und unpersönlichen Daten.

Und auch unsere Kommunikation, ob dienstlich oder privat, läuft über digitale Netze. Wir, die wir mit Handy und Laptop unterwegs sind, hinterlassen den ganzen Tag über Spuren, auf denen wir von programmierten Spähern – beauftragt von Geheimdiensten oder digitalen Datenstaubsaugern – verfolgt und vermessen werden können. Denn die codierte Welt will um der Sicherheit willen mein Verhalten analysieren, will wissen, was ich denke und tue und denken und tun werde und wenn möglich *vorausplanen*, wie ich handeln

Die codierte Welt will … mein Verhalten analysieren.

werde. Die Regierungsorganisationen entschuldigen ihre schier unstillbare Neugierde mit dem Argument der Sicherheit, die Datenverkäufer tun dasselbe um der Rendite willen. Sie scannen und ranken uns, damit wir zielgerichtet und fokussiert Adressaten ihrer Werbung werden.

Denn hinter den Kulissen auf irgendwelchen Datenbanken sorgen Algorithmen dafür, dass wir einen Kredit bekommen oder nicht, eine Wohnung mieten können oder eben nicht, ob wir gesellschaftlich angepasst sind oder eben nicht.

In China hat man in Sachen Digitalisierung die Maske der totalen Überwachung mit dem Ziel der totalen Vereinnahmung fallen lassen. Hier formt sich das Netz zu einem totalitären staatlichen Normierungs- und Anpassungssystem.

Die Bürgerinnen und Bürger sammeln über digitale Verrechnung sogenannte „Sozial-Kredite“ für staatlich angepasstes Wohlverhalten an. Von der Menge der Pluspunkte hängt es ab, ob eine Bürgerin einen bestimmten Job bekommt oder ein Auto, ob er oder sie heiraten oder einen Mietvertrag unterschreiben kann. Die digital benoteten Bürger müssen in ihrem Wohlverhalten gegenüber einem totalitären System mit den anderen wetteifern, um der herrschenden Klasse zu gefallen.

Und es könnte sein, dass dieses chinesische Modell sich am Ende des Kampfs der Bürger und Bürgerinnen um die Transparenz der Datenverwendung durchsetzt. Es verdichten sich die Indizien – jetzt Anfang 2019 –, dass Google, um in China – ein Land, das Google wegen der Zensur vor Jahren verlassen hat – wieder seine Dienste anbieten zu können, nun eine beschränkte Version auf den Markt bringt. Die Sonderausgabe von Google wird, so heißt es, in der Volksrepublik bestimmte Internetseiten und Suchbegriffe sperren, in denen es unter anderem um Menschenrechte, Demokratie, Religion und friedliche Proteste geht.[3]

Dort kann man sehen, was man hier in Europa verhindern muss: die Normierung des Menschen durch den lebenslangen Zwang, in einem Wettbewerb zu stehen, dessen Regeln die Machthaber gemacht haben und nicht das Individuum oder die Gesellschaft.

Der französische Philosoph der Macht, Michel Foucault, hat in diesem Zusammenhang von der „disziplinierenden Macht“ und der „Kontrollmacht“ gesprochen; ein ganzes Volk wird als eine Art Klassenzimmer behandelt einschließlich Benotung und Versetzung. Auch die anderen Dimensionen von Macht, die Foucault nennt, werden in der digitalen Registrierung verwirklicht: Die „Bio-macht“, die Macht über Sexualität, Bewegungsfreiheit und Wohnort, realisiert sich in der digitalen Überwachung des Bewegungsprofils, in den Partnerschaftsbörsen und der automatischen Einordnung der Bürger und ihrer finanziellen Möglichkeiten, bis hin zu den Gesundheitsdaten, die von den Versicherern sehr wahrscheinlich eines Tages regelhaft eingefordert werden.

Die sogenannte „Pastoralmacht“ ergänzt die netzwerkartige Kontrolle über Menschen und Bürgerinnen dadurch, dass die Bürger (siehe auch China) zu der Überzeugung gebracht werden, all diese digitale Kontrolle sei nur zu deren eigenen Sicherheit und grundsätzlich zu seinem und ihrem Besten und zum Besten des Kollektivs.

Foucault hat dieses Phänomen schon vor über 40 Jahren in einer Vorlesung mit dem Titel „Die Verteidigung der Gesellschaft"[4] in Worte gefasst. Er schreibt dort: „Die Macht wird ausgeübt, zirkuliert, bildet Netze." (S. 45) Und an anderer Stelle schreibt er: Die Macht entfaltet sich im Medium von „Wissen, Beobachtungsmethoden, Aufzeichnungstechniken, Untersuchungen und Forschungsverfahren und Verifikationsapparaten" (S. 49). Foucault, dieser französische Philosoph und Soziologe, der lebenslang über die Frage nachdachte, wie in Gesellschaften Macht ausgeübt wird und wann man von der totalen und totalitären Macht sprechen könne, formulierte die Sätze über die Netzwerke der Macht 30 Jahre vor den Gründungen von Facebook und Google. Er verbreitete eine Ahnung von der Macht, in deren Hände sich Menschen gern und freiwillig begeben und die dann ihre unsichtbare und (un)heimliche Arbeit der Anpassung und Normierung beginnt, die auch immer Sanktionen impliziert.[5]

Lebenslanger Zwang, in einem Wettbewerb zu stehen ...

Wer gehört dazu, wer hat die meisten Follower, wer die meisten Freunde und Likes, oder wer ist ausgeschlossen, wenn er oder sie sich nicht in den Netzwerken bewegen? Jaron Lanier, ein Informatiker und Musiker, einer der Vordenker des Internets und Träger des Friedenspreises des Deutschen Buchhandels hat seine Meinung über die Macht der Netzwerke total geändert. Er, der in den Feuilletons gerne „Tech-Guru“ und Vordenker des Internets genannt wird, beendet heute seine Streitschrift gegen die sozialen Netzwerke, indem er den (pseudo-) religiösen Charakter dieser Technologie entfaltet und von der dieser Technik innewohnenden „Spiritualität“, dem „Glauben“, dem „Himmel“ und der Macht über das menschliche Leben spricht (Kap. S. 177–196). Er zeigt auf, welche ungeheure Deutungshoheit, welch machtvolle Logiken die Wahrnehmungsanordnungen der großen Netzwerke auf unsere Weltanschauung, unser Fühlen und Denken und Erfahren ausüben. Er fordert – immer in der strengen Unterscheidung der Potentiale der neuen Technologie und ihrer derzeitigen politischen Organisation und ökonomischen Weltmachtstellung – eine Reformation dieser Technologie, die er ungeniert mit Luthers Reformation vergleicht.[6]

Es geht um meine Originalität und meine Kraft, um meine Liebe und meinen Geist.

Und das alles hat natürlich mit Religion zu tun, mit der gewachsenen, der erzählten, gepredigten und erlittenen Religion und ihrem Menschenbild. Denn es geht um meine Originalität und meine Kraft, um meine Liebe und meinen Geist. Es geht um die Würde meiner persönlichen Erfahrungen. Es geht um den Gott, der mich sieht gegen den Algorithmus, der mich durchschaut. Es geht darum, wie ich angesehen werde und wie ich mich in der Folge selbst verstehe.

Es geht um die Wahrnehmung – wie ich wahrnehme und wie ich wahrgenommen werde – und die Deutung meines Lebens. Es geht um die Einordnung meiner Biografie, die wir Christinnen und Christen letztlich bei Gott geborgen wissen.

Es geht um die Wahrnehmung – wie ich wahrnehme und wie ich wahrgenommen werde – und die Deutung meines Lebens.

Nein, liebe Leserin, lieber Leser, es geht in diesem Buch nicht um Technik-Bashing. Es geht auch nicht darum, mit dem erhobenen Zeigefinger kirchlicher Würdenträger den altbekannten Gestus des Mahnens und Warnens einzunehmen. Ich würde diese Zeilen nicht schreiben, wenn ich nicht eine leidenschaftliche Bewunderin dieser federleichten Technologie wäre, die das Potential besitzt, ganze Länder aus dem Elend zu holen und Menschen aller Länder, Geschlechter und Hautfarben miteinander zu verbinden.

Alle Bürger, die Politik und die gesellschaftlichen Institutionen – auch die Kirchen und Gewerkschaften – haben das Internet Mitte der neunziger Jahre des vorigen Jahrhunderts bei seinem ersten Siegeszug durch die Büros und Haushalte gefeiert. Es erleichtert und beschleunigt die Kommunikation und weckte damals unter den Christen die Hoffnung auf eine „Protestantisierung" der christlichen Religion durch eine neue Beteiligungs- und Debattenkultur.

Heute ist unser ganzes Leben – individuell und gesellschaftlich – beinahe völlig abhängig von dieser Technik geworden, die in in den Händen einiger weniger globaler Unternehmen liegt, die ihre Marktmacht ständig vergrößern und zu denen es im Augenblick keine Alternative gibt.

Die Regeln, nach denen wir einsortiert und womöglich manipuliert werden, sind so subkutan und intransparent, dass es von christlicher Seite gilt, die Machtfrage zu stellen im Pathos der Barmer Erklärung[7], die genau diese Machtfrage in sechs Thesen 1934 in aller Schärfe auf den Punkt bringt: „Wie Jesus Christus Gottes Zuspruch der Vergebung aller unserer Sünden ist, so und mit gleichem Ernst ist er auch Gottes kräftiger Anspruch auf unser ganzes Leben; durch ihn widerfährt uns frohe Befreiung aus den gottlosen Bindungen dieser Welt zu freiem, dankbarem Dienst an seinen Geschöpfen. Wir verwerfen die falsche Lehre, als gebe es Bereiche unseres Lebens, in denen wir nicht Jesus Christus, sondern anderen Herren zu eigen wären, Bereiche, in denen wir nicht der Rechtfertigung und Heiligung durch ihn bedürften." Bis heute sind diese Thesen in allen Fragen nach der Macht über mein Leben – die Navigations- und Deutungsmacht – erkenntnisleitend (siehe letztes Kapitel).

Die neuen weltweiten Infrastrukturen navigieren unser Bewusstsein.

Und wir müssen uns klar machen, dass die neuen technischen Infrastrukturen, die die digitale Kommunikation ermöglichen, uns nicht nur mit Strom oder Wasser versorgen, nicht nur Verkehrsanbindungen organisieren oder die Müllabfuhr.[8] Die neuen weltweiten Infrastrukturen navigieren unser Bewusstsein. Organisieren unsere Peergroups. Und sie sind in der Hand von aktiengetriebenen Monopolisten, deren Macht je länger je mehr konkurrenzlos wird. Die Kirchen sind Global Player. Sie sind – gemeinsam mit den anderen global verbreiteten

Religionen und zusammen mit den Vereinten Nationen – dazu in der Lage, die Fragen nach den vermessenen Machtansprüchen der großen Netzwerke und Datenkraken mit internationaler Autorität zu stellen.

Das Thema ist so unsichtbar und zugleich gewaltig, dass es in die Dimension der Entwicklungen gehört, denen man im Leben selten begegnet. Was sagst Du, wenn Dich Deine Kinder und Enkel fragen: „Warum hast Du nichts getan gegen die Vermessung der Menschen und die Monetarisierung seiner Daten? Warum hast Du nichts gesagt, als Menschen zu Nummern wurden? Warum hast Du nichts getan, als die Menschen zum Produkt und Objekt der digitalen Erzieher wurden, während Du zugleich irrtümlicherweise glaubtest, Du wärest frei wie nie?"

> Die Entwicklungen der digitalen Gesellschaft zu analysieren, ist eine der größten Herausforderungen der Gegenwart.

Die Entwicklungen der digitalen Gesellschaft zu analysieren, ist eine der größten Herausforderungen der Gegenwart, da sind sich die Zeitanalytiker einig. Die Folgen der Segmentierung der Gesellschaften, deren Radikalisierung und die dumpfe Gereiztheit, die aus der hermetischen, algorithmisch navigierten Kommunikation erwächst, die kann man in diesen Tagen, in denen übers Netz organsierte Volksaufstände von rechts und links in Europa auf die Straße gehen, gut besichtigen.

Eine Untersuchung digitaler Entwicklungen bewegt sich zwischen zwei Polen: einerseits der Beobachtung, dass die meisten Phänomene, die die digitale Welt vorantreibt – zum Beispiel Globalisierung, Partizipation oder Individualisierung –, altbekannt und auch solche der analogen sind und andererseits der Einsicht, dass all diese Phänomene unter den aktuellen informationstechnologischen Bedingungen eine neue Qualität erhalten.

Deshalb ist eine gewisse Ratlosigkeit festzustellen, mit der die Geistes- und Sozialwissenschaften der hybriden Entwicklung des digitalen Wandels begegnen. In seinem posthum erschienenen Werk stellt der Soziologie Ulrich Beck beispielsweise die These auf, weder „Wandel" noch „Veränderung" seien die rechten Begriffe, um die sich gegenwärtig vollziehenden Prozesse zu benennen: Er spricht sich für den Terminus „Metamorphose" aus.[9] Und der Jerusalemer Historiker Yuval Noah Harari spricht gar von einer neuen Religion, nämlich der „Data-Religion".[10] Er prophezeit den neuen Menschen, der in seiner Symbiose mit dem Computer final glücklich und womöglich unsterblich werden könnte, auch wenn er dann nur noch wenig von dem an sich hätte, was wir heute menschlich nennen. Auch er erkennt den religiösen Charakter dieser Netzwerke, weil sie das Potential haben, die gewachsenen Religionen zu verdrängen, indem sie sämtliche Wertmaßstäbe neu bestimmen und in der Lage sind, neue religionsähnliche Deutungsmuster und Sinnzusammenhänge aufzustellen.

Der Technikphilosoph Luciano Floridi schlägt vor, die Transformation der Kommunikation, der Gesellschaften und der Personen in (anthropologische) Termini zu fassen, wie „Raum", „Zeit" oder „Identität".[11] Wir erleben und bewegen uns anders als zuvor in Raum und Zeit und wir beginnen uns über die Jahre – so behauptet er – als sogenannte Informationsorganismen („Infoorgs") zu bewegen, als Spiegelgeschöpfe einer Technologie, die uns gesellschaftlich einordnet und rankt, und wir – wir machen ein Spiel mit, das wir in seiner Fähigkeit, uns zu normieren, gar nicht bemerken. Auch Floridi prophezeit eine Neujustierung der Menschen und der Gesellschaften.

Um die neuen Technologien zu verstehen und die Dimensionen ihrer Auswirkungen zu begreifen, bemüht der Diskurs eine Reihe von Analogien: Der theologische und kulturgeschichtliche Diskurs versteht den Kommunikationswandel während der Reformation als Medienphänomen und begründet diese Perspektive mit der bedeutenden Rolle des Buchdrucks, der diese aus kommunikationsstrategischer Sicht entscheidend vorangetrieben habe.[12] Relevant wird diese Analogie zwischen der Reformation als Medienphänomen und der Digitalisierung durch ihren Blick auf intendierte wie nicht intendierte Folgen für politische und gesellschaftliche Konsequenzen der Reformation (auch Lanier verweist auf die quasi religiöse Einflussnahme der Netzwerke und fordert eine Reformation).

Der Wissenschaftsjournalist und Buchautor Nicholas Carr vergleicht den gesellschaftlichen Wandel durch die Digitalisierung mit der Erfindung der Elektrizität. Diese neue, im wahrsten Sinn des Wortes erhellende Technologie habe Gesellschaften an den unterschiedlichsten Stellen absolut verwandelt. Grundlegend neu organisierten sich beispielsweise wirtschaftliche Produktionsprozesse:

Spät-, Nacht- und 24-Stunden-Schichten etablierten sich. Aktivitäten ließen sich nun unabhängig von der Tageszeit planen. Das Zusammenleben der Menschen, die Rhythmen von Geselligkeit und Familienleben wandelten sich genauso wie das Verhältnis von Zeit und Raum durch neue Möglichkeiten der Mobilität, ganz abgesehen von der generellen Beschleunigung der individuellen Lebenserfahrung.[13]

Eine weitere Analogie ist durch eine sehr ambivalente Haltung zur Digitalisierung charakterisiert. Der deutsche Soziologe und führende Intellektuelle Harald Welzer vergleicht sie mit der Erfindung der Atomkraft.[14] Wie digitale Technologien sei Atomenergie global verbreitet und weise – als sogenannte „saubere“ Energie – viele Vorteile auf. Unbedacht bleiben würden dabei deren verheerendes Destruktionspotential und deren Spätfolgen, die oft nicht differenziert genug durchdacht würden, wie es auch bei der Digitalisierung der Fall sei.

Was bedeutet diese Technologie für die Lebensgestaltung unserer Kinder?

In guter biblischer und protestantischer Tradition sind also die Machtfrage und die Frage der Nachhaltigkeit in aller Schärfe zu stellen: Was bedeutet diese Technologie für die Lebensgestaltung unserer Kinder? Warum kann ein internationaler Konzern in den USA – wie kürzlich geschehen – beispielsweise festlegen, dass es sich bei der Leugnung des Holocausts auf Facebook um eine freie Meinungsäußerung handele? Weshalb darf allen Ernstes die Ermordung von sechs Millionen Juden in Europa als zu ignorierende Lüge behauptet oder gar als eine anerkannte Meinung unter anderen Meinungen gleich gültig vertreten werden? Wo sind unsere politischen Erfahrungen und unsere Gesetze gewürdigt, die die Geschichte Europas und insbesondere dieses Landes spiegeln? Wie kann es überhaupt sein, dass ein aktiengetriebener US-Konzern darüber entscheidet, was öffentlich sagbar ist und was unsagbar? Das ist unsäglich. Diese Fragen berühren das Selbstverständnis und das Herz einer Gesellschaft. Ja. Wir sitzen in der Falle.

Wo sind unsere politischen Erfahrungen und unsere Gesetze gewürdigt, die die Geschichte Europas und insbesondere dieses Landes spiegeln?

Kürzlich wurde mir am Mannheimer Bahnhof mein Handy iPhone 8 aus meiner hinteren Rucksacktasche geklaut. Abgesehen davon, dass ich – wie alle, denen das Handy frisch abhandengekommen ist – ständig reflexhaft in meinem Rucksack danach greifen wollte, wird einem bei dieser Art von „Entzug" klar, wie sehr man sich erstens darauf verlässt, dass dieser kleine Bildschirm am Körper ist. Es wird einem zweitens klar, wie sehr dieses mobile Gerät das eigene Verhalten bestimmt. Es wird einem drittens klar, wie anders und neu und interessant man seine Umwelt in Zug und Straßenbahn, im Restaurant und beim Spaziergang wahrnehmen kann, wenn man selbst wieder Herr oder Frau seiner Aufmerksamkeitsökonomie ist. Man beobachtet wieder Menschen, man hört ihnen zu, weil man keinen Kopfhörer am Ohr hat. Man sieht aber auch die über die Handys gebeugten Köpfe. Menschen verhalten sich gebannt, wie bei einer

Ich begriff, dass die digitale Vernetzung für mich zu einem spielentscheidenden Faktor meiner persönlichen Infrastruktur geworden ist.

Verhaltensdressur, gegenüber diesem kleinen mobilen Gerät.

Kurze Zeit nachdem ich mein Handy wiederbeschafft hatte – unter dem schmerzlichen Verlust so mancher Adresse oder Telefonnummer –, fiel wegen Straßenbauarbeiten mein WLAN aus. Ich begriff, dass die digitale Vernetzung für mich zu einem spielentscheidenden Faktor meiner persönlichen Infrastruktur geworden ist. Das tat nun richtig weh: kein Telefon, kein Fernsehen und keine E-Mails, keine Recherche am Laptop und kein Facebook. Es dauerte ungefähr drei Wochen und es bedurfte vier Telekom-Männer, die wie Roboter in Zeitschleifen versuchten, meinen Anschluss an die Welt wiederzubeleben, bis das WLAN wiederhergestellt war.

Ich musste zum Nachbarn, wenn ich telefonieren wollte, denn dort, wo ich wohne, ist digitale Wüste, also Funkloch.

Und während ich nun das zweite Mal in kurzer Zeit meine Abhängigkeit von dieser Technologie reflektieren durfte, fiel mir auf, wie durchnummeriert ich bin. Das verlorene Handy musste mit seiner registrierten Nummer identifiziert werden, damit die Versicherung das Handy ersetzt. Wo zur Hölle steckt diese Nummer?

Wenn ich bei meinem Telekommunikationsanbieter anrief, musste ich meine Telefonnummer und darüber hinaus – um Gottes Willen, was ist das? – meine Kundennummer einem Computer diktieren: „Wenn Sie … dann drücken Sie die Nummer 1, 2, 3, ich wiederhole ..." Wie viele Nummern muss ich eigentlich für mein digitalisiertes Leben parat haben?

Die Festnetznummer und die Zugangsnummer des Fernsehers, die IP-Adresse meines Laptops plus seine Registriernummer, die Handynummer, die Bestellnummer und den Sicherheitscode und natürlich die beiden Freunde PIN und PUK. Ich muss alle meine Codes beherrschen und Zugangspasswörter wissen. Als ich ein Kind war, reichte es, die Hausnummer zu wissen und das Geburtsdatum. Später dann die Telefonnummer.

Die Nummern nehmen überhand: Jetzt muss ich mir nicht nur meine Kontonummer merken und natürlich den Zugangscode zu meinem Konto, das ganze Mal zwei oder drei, wenn ich Konten bei unterschiedlichen Banken habe. So werde ich bei meiner Bequemlichkeit gepackt und auf eine Bank fixiert: Ist ja viel leichter! Dann die Tan, die mir bei jeder Überweisung zugespielt wird. Dann die Passnummer, die Personalausweisnummer, die Versicherungsnummer, die Studierenden haben eine Matrikelnummer und dann allerlei Codes, um an ihre Notenlisten oder in ihre Seminargruppen zu kommen. Neulich wollte ich zur Tropenärztin wegen einer Impfung: Diese Ärztin kann man gar nicht mehr anrufen. Kontakt gibt es nur per Netz, auch die Terminvergabe nur per Netz, Auskunft am Telefon war gestern, aber man hofft immer, einmal mit einem lebenden Menschen sprechen zu dürfen! Oder ist das bloß ein vorübergehendes Problem meiner Generation, die mit vierzig in die Datenwelt stolperte? Die Fachleute blicken dann immer etwas verächtlich auf alle, die als Passwort die Geburtsdaten ihrer Kinder und Enkel eingeben oder noch schlimmer 1234 und den eigenen Vornamen.

Aber es ist für ein Leben aus der Mitte des 20. Jahrhunderts gar nicht leicht, sich so rund um das eigene Leben verschlüsseln zu lassen und zugleich alles Lebensnotwendige hinter diesen unsicheren Schlüsseln zu verbergen. Und alle diese hochpersönlichen Daten dann sicher und für andere unauffindbar aufzubewahren und sie zugleich für den Fall des Todes in einem Datentestament festzuhalten. Den kurdischen Flüchtlingen, die ich betreue, fällt diese Nummerierung der Menschen noch viel schwerer. Die hatten früher keinen Ärger mit Daten. Die Kinder haben sie nach Jahren eintragen lassen. Sie alle haben nur ein Geburtsjahr und sind laut Pass am 1.1. geboren. Das ist die wichtigste Zahl, die man sich in diesem einfachen Leben merken musste.

Der Registrierung durch Nummern steht der Verschlüsselung durch Nummern entgegen. Datenberge sind das und Nummernreihen schon für ein einfaches bürgerliches Leben. Doch was, wenn all diese intimen Daten und persönlichsten Zahlen miteinander in Verbindung gebracht werden? Wir wissen, dass diese unangenehme Vision zu einem Teil heute schon Wirklichkeit ist und dass aktuelle Datenverordnungen versuchen, den gläsernen Menschen sozusagen im letzten Augenblick zu verhindern.

Wir wissen, dass diese unangenehme Vision zu einem Teil heute schon Wirklichkeit ist.

Die deutsche Sprache ist in ihren Redewendungen ziemlich kritisch mit dem Wort „Nummer". Zu Recht. „Auf Nummer sicher gehen" kommt von der Nummer der Gefängniszelle, aus der Inhaftierte nicht entweichen können. Die 0815 wird auf ein Gewehr des 1. Weltkriegs zurückgeführt, das eine sehr geringe Qualität hatte. Wenn ich meinem Gegenüber sage: „Du bist vielleicht eine Nummer!", ist das ein zumindest ambivalentes Kompliment. „Die Nummer 1" auf einem Gebiet reduziert den Menschen auf seine Funktion und wenn ich spüre, ich bin hier „nur eine Nummer", dann meint das, ich habe meine Individualität verloren. Die Nummer steht für den Verlust der Persönlichkeit, den seelenlosen Blick auf meine Existenz.

Die Nummern und Zahlen- und Zeichenreihen, die unser Leben digital navigieren, sind als solche wertfrei. Es sind Algorithmen, also nur mathematische Formeln, eine Art Grammatik logischer Handlungsreihen. Dahinter verbergen sich die Programmiererinnen und Programmierer, die wiederum im Auftrag der Interessen der Unternehmen stehen, die mich ausrechnen und vermessen. Sie haben mich als Kundin oder potentielles Sicherheitsrisiko im Blick, nicht als Menschen mit Haut und Haaren, Sehnsüchten und Gewissheiten. Denn ein Code kennt keine Fragezeichen, kein Nichtwissen, keine Ambivalenzen, nur logische Eindeutigkeit, die aus sich heraus produziert wird.

Die Nummern und Zahlen- und Zeichenreihen, die unser Leben digital navigieren, sind als solche wertfrei.

Wir sollten uns als Theologen und Christinnen wieder trauen, von der „Seele" zu reden. Von der Seele

Wir sollten uns als Theologen und Christinnen wieder trauen, von der „Seele“ zu reden.

jedes einzelnen Menschen als einem Mysterium. Die Seele lässt sich nicht in einen binären Code zwingen. Sie ist ambivalent und schillernd, sie ist flüchtig und veränderlich, sie ist einzigartig und geheimnisvoll. Nicht ohne Grund haben Philosophen und Naturwissenschaftlerinnen seit dem Siegeszug der empirischen Wissenschaften aufgehört, die „Seele“ beim Namen zu nennen, ja auch wir Theologen zögern.

Der Zukunftsdeuter Harari[15] schreibt dazu: Eine Seele sei biochemisch nicht nachzuweisen, deshalb gäbe es sie nicht. Würde man dem folgen und auf das Wort „Seele“ verzichten, schwindet mit diesem Wort das Geheimnis des Menschen. Wer aufhört, von der Seele zu sprechen, hilft die Seele selbst zum Verschwinden zu bringen. Wenn wir aber aufhören, von der Seele zu sprechen, steht viel mehr auf dem Spiel als nur ein Wort, mit einer langen metaphysischen Geschichte.

Wir stellen das individuelle Gefühl und Gemüt in Frage, die ganz persönliche Geschichte und Erfahrung, das Gewissen und die Verantwortung, den freien Willen und die Autonomie des Menschen, sowie seine geschöpfliche Originalität, seine gottoffene und weltoffene Existenz.

In den biblischen Sprachräumen dagegen gibt es kein Reden über den Menschen ohne die Seele. Die biblische Erfahrung ist nicht denkbar ohne die Behauptung der menschlichen Seele. Sie ist nach biblischer Überzeugung das Lebenszentrum des Menschen: „Was hülfe es dem

Menschen, wenn er die ganze Welt gewönne und nähme doch Schaden an seiner Seele oder was könnte der Mensch geben, was seine Seele auslöse?" (Matthäus 16, 26), sagt Jesus genau an der Stelle, in der es um seine Nachfolge geht und um den Widerstand gegen scheinbar unerschütterliche Setzungen des Menschen und der Natur: den Tod und alle todbringenden Systeme.

Die Seele, das ist das Heiligtum im Menschen, das Innerste des Inneren, die Seele, das ist der unortbare Raum, auf den Gott einen Eigentumsvorbehalt hat.

Einige wenige Philosophen haben versucht, das reiche Potential, das im Wort „Seele" steckt, in die moderne Zeit zu übersetzen. Die Einzigartigkeit jedes Menschen, die Unverwechselbarkeit der Person mit ihren Erfahrungen, wurde in dem Begriff des „Selbst" geborgen, das das jeweils agierende „Ich" umfasst. Hier suchte man das Unverfügbare und Heilige einzufangen, das als Gegebenes oder als Gabe erfahren wird.[16]

Wer aufhört, von der Seele zu sprechen, hilft die Seele selbst zum Verschwinden zu bringen.

Das Wort „Seele" steht für die „Sakralität der Person" (Hans Joas). Es steht also für das, was man nicht sehen und nicht messen kann, auch nicht vermessen, was aber die Religionen aller Welten und Zeiten gesehen und erfahren haben und was auch die moderne Naturwissenschaft nur unter den allergrößten Verlusten leugnen kann.

Die Seele ist der Hauch, der mein Lachen ausmacht und Deine wissbegierigen Augen, der Hauch der Traurig-

Vielleicht gelingt es ja, der neuen Technologie eine Seele einzuhauchen.

keit und Zuversicht, der verschwindet, wenn ein Mensch stirbt, und der im Tode – sozusagen seelenlos – geradezu unkenntlich wird.

In diesem heiligen Ort, der unter dem Eigentumsvorbehalt Gottes steht, in dieser Seele, da wohnt die Originalität, da wohnt die Entscheidung, da wohnt die Widerstandskraft, das Widerständige, da wohnt die Menschenliebe, da wohnt Gott in seinem Eigentum.

Vielleicht gelingt es ja, der neuen Technologie eine Seele einzuhauchen, womit Grenzen und ethische Reflexe gemeint wären. Dann würden Menschen beim Gebrauch einer Technologie, die unser Leben verdatet und unsere Wahrnehmung organisiert und damit unser Denken, als Menschen und nicht nur als Kunden und Datenproduzenten wahrgenommen werden: als selbstständige, eigenständige und selbsttätige Nutzerinnen und Nutzer.

Vielleicht gelingt es uns, eine neue Form der Lebenskunst einzuüben. Vielleicht gelingt es, uns vor der Gleichgültigkeit und Bequemlichkeit zu schützen und damit unsere Seele.

Literatur

1 Lánik, Jozef. *Was Dante nicht sah, Roman.* Verlag der Nation, 1968.

2 Krotz, Friedrich. *Die Mediatisierung kommunikativen Handelns: der Wandel von Alltag und sozialen Beziehungen, Kultur und Ge-*

sellschaft durch die Medien. Softcover reprint of the hardcover 1. ed. 2001, Westdt. Verl, 2014.

– *Mediatisierung: Fallstudien zum Wandel von Kommunikation*. 1. Aufl, VS, Verl. für Sozialwiss, 2007.

Hepp, Andreas. *Medienkultur: die Kultur mediatisierter Welten*. 2., erw. Aufl, Springer VS, 2013.

3 Yang, Xifan. „China: Hin und Her bei Google". *ZEIT ONLINE*, 22. August 2018, https://www.zeit.de/ 2018/35/china-google-zensur-suchmaschine-dragonfly.

4 Foucault, Michel, und Michaela Ott. *In Verteidigung der Gesellschaft: Vorlesungen am Collège de France (1975–76)*. 1. Aufl., [Nachdr.], Suhrkamp, 2000.

5 Holland, Martin. „Datenschutz in der Cloud: US-Gerichtshof urteilt über Zugriff auf europäische Daten". *heise online*, https://www.heise.de/newsticker/meldung/Datenschutz-in-der-Cloud-US-Gerichtshof-urteilt-ueber-Zugriff-auf-europaeische-Daten-3981043.html. Zugegriffen 27. September 2018.

6 Lanier, Jaron. *Zehn Gründe, warum du deine Social Media Accounts sofort löschen musst*. Übersetzt von Martin Bayer und Karsten Petersen, Hoffmann und Campe, 2018.

Haberer, Johanna. *Digitale Theologie: Gott und die Medienrevolution der Gegenwart*. Kösel, 2015.

– „Kommunikation und Reformation. Ein Versprechen an die Menschheit." *Communicatio Socialis*, Bd. 50, Nr. 4, 2017, S. 526–38. *Crossref*, doi: 10.5771/0010-3497-2017-4-526.

7 Evangelische Kirche in Deutschland. „Barmer Theologische Erklärung". *Lehrzeugnisse aus dem 20. Jahrhundert: Barmer Theologische Erklärung*, https://www.ekd.de/Barmer-Theologische-Erklarung-Thesen-11296.htm. Zugegriffen 26. September 2018.

8 Laak, Dirk van. *Alles im Fluss: die Lebensadern unserer Gesellschaft-Geschichte und Zukunft der Infrastruktur*. S. Fischer, 2018.

9 Beck, Ulrich. *Die Metamorphose der Welt*. Übersetzt von Frank Jakubzik, Erste Auflage, Suhrkamp, 2017.

10 Harari, Yuval Noa . *Homo deus: eine Geschichte von Morgen*. Übersetzt von Andreas Wirthensohn, C.H. Beck, 2017. Zur Data-Religion vor allem S. 372–402.

11 Floridi, Luciano. *Die 4. Revolution: wie die Infosphäre unser Leben verändert.* Übersetzt von Axel Walter, Erste Auflage, Suhrkamp, 2015.
12 Hamm, Berndt. „Die Reformation als Medienereignis". *JBTh 11*, 1996, S. 137–66.
13 Carr, Nicholas G., und Reinhard Engel. *The big switch: der große Wandel ; [Cloud Computing und] die Vernetzung der Welt von Edison bis Google.* 1. Aufl, mitp, 2009.
14 Welzer, Harald. *Die smarte Diktatur: der Angriff auf unsere Freiheit.* 3. Auflage, S. Fischer, 2016.
15 Kapitel 3 – „Wer hat Angst vor Charles Darwin?"
Harari, Yuval Noa . *Homo deus: eine Geschichte von Morgen.* Übersetzt von Andreas Wirthensohn, C.H. Beck, 2017.
16 Joas, Hans. *Die Sakralität der Person: eine neue Genealogie der Menschenrechte.* Erste Auflage, Suhrkamp, 2011.

2. Kapitel

Der mediale Stresspegel

> Der Fortgang der wissenschaftlichen Entwicklung ist im Endeffekt eine ständige Flucht vor dem Staunen.
>
> *Albert Einstein*

Ich bin ein Nachrichtenjunkie. Nervöse Kundin bei den Onlineausgaben der großen Tageszeitungen und Wochenmagazine, der Tagesschau und Heute. Wenn ich Werbung zulasse, kann ich mir die neuesten Nachrichten kostenlos zu Gemüte führen. Kostenlos? Im Gegenzug muss ich mir Werbung anschauen und liefere meine Daten, das weiß inzwischen jeder. Das Gute ist, für Werbung bin ich nicht verführbar. Ich gehöre zu der älteren Generation, die als Konsumentin immer konservativer wird. Ein Auto habe ich schon. Wohin ich reisen möchte, weiß ich selber. Auch beim Wein bin ich festgefahren und bestelle seit Jahren den gleichen. Und Diäten für die Traumfigur habe ich aufgegeben.

Mit der Nachrichtensucht habe ich nach der Wahl von Trump angefangen. Für die Onlinemedien war die Wahl von Donald Trump sicher ein Geschenk. Wenigstens für die. Ein Alleinunterhalter im Weißen Haus, der mit der Weltkugel jongliert wie Charlie Chaplin, das verursacht Nervenflattern.

Gleich nach dem Aufstehen, noch schlaftrunken, rufe ich als allererstes die News ab: Was hat er heute wieder gemacht? Wem droht er Krieg an, wem Bomben, wem Sanktionen, wem Zölle? Aus welchem völkerrechtlichen Vertrag ist er jetzt wieder ausgestiegen? Welcher Lüge ist er überführt, welche Frau hat er jetzt wieder beleidigt, welchem Menschenschinder gehuldigt? Ich fühle mich immer mitten drin und dabei. Ich bin im Thrill. Bestimmt zehn oder zwanzigmal am Tag werfe ich einen Blick auf die kostenlosen Seiten. Die Stimmung in der Welt ist geladen. Geladen mit Angst.

Die Stimmung in der Welt ist geladen. Geladen mit Angst.

Ich, die Mitte der fünfziger Jahre geboren noch nie in die Nähe eines Krieges geraten ist. Die aufgewachsen ist in einem Deutschland, in dem amerikanische Soldaten zum Straßenbild gehörten und die Kasernen noch bevölkert waren. In den Kirchen dankte man für den Frieden und betete für Frieden. Die Männer im Talar, die das taten, kannten den Krieg. Das Christentum gehörte zum Alltag, zur Inneneinrichtung der Gesellschaft, war Teil der gelebten Zivilgesellschaft. Ich bin aufgewachsen in einem Land wie unter einer Käseglocke – gleichermaßen bewacht wie beschützt.

Kirche und Medien fühlten sich als die Wächter gesellschaftlicher Werte. Die Väter und Mütter unserer gesellschaftlichen Grundordnung hatten einen Staat erlebt, der sich an Gottes Stelle gesetzt und sich die totale Macht über das Leben und die Gedanken der Menschen angeeignet hatte. Sie hatten Medien als Propagandainstrumente erlebt, die ein ganzes Volk vergifteten, das dann ihrem Führer wie Lemminge in den Untergang folgte. Nun sollten die Informationen vielfältig sein und sorgfältig recherchiert, die Bürgerinnen und Bürger sollten zur Demokratie erzogen werden, sie sollten argumentieren lernen und nach demokratischen Spielregeln alle vier Jahre ihre Stimme abgeben.

Wir lernen heute in der Zeit der individualisierten Mediennutzung, dass es auf die Medienbiografie ankommt, was ein Mensch denkt und glaubt. Welche Musik er hört, welche Videoangebote er sieht. Wie bewegt er sich in sozialen Netzen, welche Seiten sucht er, welche Online-Medien ruft er auf?

Das war in meiner Jugend anders und ganz einfach. Ich war vielleicht fünf, als wir den ersten Fernseher bekamen. Flimmerndes Schwarz-Weiß. Am Sonntagnachmittag durften wir „Das Geheimnis der goldenen Maske“ sehen, ein Abenteuerfilm, der Höhepunkt der Woche, auf den wir hin fieberten. Und dann erinnere ich mich an die ernsten Nachrichtensprecher, die die Ermordung von Kennedy verkündeten, die Kubakrise und die Festnahme des SPIEGEL-Chefredakteurs Rudolph Augstein. Wir hörten gemeinsam Radio. Am Karfreitag-Nachmittag versammelten wir uns zur Matthäuspassion. Wir vier Kinder lagen jeder mit einer alten dicken Bibel bewaffnet auf dem Boden und verfolgten, kaum, dass wir lesen konnten, den Prozess, die Verurteilung und Hinrichtung Jesu.

Kirche und Medien fühlten sich als die Wächter gesellschaftlicher Werte.

Schallplatten besaßen wir mit den Programmen der Lach- und Schießgesellschaft, Anatevka mit Schmuel Rodensky, Klavierkonzerten, Chorälen, Balladen, Schuberts Winterreise, Brechts „Dreigroschenoper"und Chansons von Alexandra: „Sehnsucht heißt das alte Lied der Taiga". Keine Kinderkassetten, dafür eine Großtante, die stundenlang vorlas – Johanna hieß sie und war steinalt: alle Enid Blyton-Bände„„König-Kind-Bücher", wie unsere Mutter stirnrunzelnd kommentierte, Pippi Langstrumpf, Karlsson vom Dach und Kinder von Bullerbü. Der Tag hatte seine feste Ordnung, die Süddeutsche am Morgen und Nachrichten gab es abends um 20 Uhr von der Tagesschau.

Wir wurden Ohrenmenschen. Und Leserinnen. Die Medien, zu denen wir Zugang hatten, ritualisierten unseren Alltag, wollten uns bilden. Ja mehr noch, erziehen wollten sie uns: zu informierten Bürgerinnen, zu reflektierten Demokratinnen und zu starken, selbstbewussten Mädchen, die – wenn nötig – ein Pferd auf die Veranda heben. Eltern, Schule, Kirche und der öffentlich-rechtliche Rundfunk. Das waren die Erzieher dieser Nachkriegsgeneration.

Unsere Eltern wollten, dass wir Christinnen werden, die Gott lieben, Vertrauen in die Zukunft haben und den Krieg fürchten. Wir sollten Wichtiges von Unwichtigem unterscheiden lernen, sollten uns orientieren können und eventuelle Gefahren für die Seele erkennen. Ja. Wir benutzten das Wort noch: Seele.

In der Rückschau erkennt man auch, wie viel uns abgenommen wurde. Wir hielten für wahr, was die Nachrichtensprecher uns erzählten, wir glaubten, dass die Debatten wichtig sind, die wir in der Zeitung, im Radio oder Fernsehen verfolgten. Wir vertrauten darauf, dass wir wahrhaftig informiert wurden, dass man den Politikerinnen und Politikern trauen konnte, und wenn nicht, dass die Journalisten sie überführen würden. Wir vertrauten den Medien das Management unserer Aufmerksamkeit an und die Organisation unseres Wissens über die Welt. Wir waren beschützt und zugleich bewacht. Das ist ein halbes Jahrhundert her.

Heute würde man sagen, wir waren informationell bevormundet. Schon Anfang der Achtzigerjahre, als Helmut Kohl die geistig-moralische Wende ausrief und den Privatfunk erlaubte, begann der Sturm auf die Medienautoritäten. „Redakteursfernsehen", spotteten die Veranstalter von „Tutti Frutti" (RTL), „Glücksrad" (SAT1) und Formel 1 (RTL). Man machte sich lustig über die Medienmacht, die auswählte, was für die Menschen vor dem Fernsehgerät gut und wichtig zu wissen wäre.

Das Privatfernsehen machte Kunden aus den Bürgern, die bis dahin von professionellen Medienautoritäten informiert wurden. Hatte man zuvor die Medien gebraucht, um eine bestimmte Sendung zu sehen oder ein bestimmtes Hörspiel zu hören, wurde Fernsehen und Hörfunk nun zur Beschäftigung in Dauerschleife. Die Medien bekamen den Beinamen „Nebenbei". Es gab nun Haushalte, in denen ganztägig der Fernseher flimmerte, und Jugendliche, die das Radio morgens einschalteten und damit auch einschliefen.

„Der Wurm muss dem Fisch schmecken und nicht dem Angler", mit diesem Bonmot kommentierte der damalige Geschäftsführer von RTL Helmut Thoma den Wechsel der Perspektive auf die Zuschauer und damit den gesellschaftlichen Wandel. Aus den Bildungsorganisationen wurden Konkurrenten auf dem sich öffnenden Medienmarkt. Es begann der Medien-Kampf um unsere Aufmerksamkeit. Der Tabubruch wurde Methode. Man gewöhnte sich an nackte Körper in Erotikshows und Menschen, die in Talkshows das Innerste nach außen kehren. Man gewöhnte sich an Leute, die sich in zwingerähnliche Gehäuse stecken, um sich rund um die Uhr beobachten zu lassen, und solche, die Maden und Insekten aßen, um Dschungelkönigin zu werden.

Der Tabubruch wurde Methode.

Die Medien differenzierten sich. Mediennutzung wurde zum Alltagsgeräusch. Mit der Wahlfreiheit kamen die Mediendiscounter, die medialen Billigmarken. Bis heute identifizieren die ehemaligen DDR-Bürger Privatsender als „freie" Sender, während der öffentlich-rechtliche Rundfunk als „Staatsfunk" wahrgenommen wird.

Spätestens mit der Wende gab es also einen Bruch. Das Publikum, das sich medial auf bestimmte Diskursthemen verständigte, zerfiel. Und auch die Anzahl der religionslosen Mitbürgerinnen stieg mit dem Fall der Mauer drastisch. 80 Prozent der Bürger der ostdeutschen Bundesländer sind konfessionslos.

Das Wächteramt im Schulterschluss von Kirche und Medien wurde brüchig. Beide moralischen Schutzmächte der Gesellschaft begannen bereits Anfang der neunziger Jahre des letzten Jahrhunderts an Einfluss zu verlieren. Auch die militärischen Schutzmächte zogen sich zurück. Die Kasernen der amerikanischen Soldaten standen mit einem Mal leer. Beinahe fünfzig Jahre nach dem verlorenen Krieg sollte Deutschland nun erwachsen werden.

Ich hatte mir 1987 privat den ersten Computer gekauft, der als eine sehr viel bessere Schreibmaschine genutzt wurde. Dienstlich tippte noch die Sekretärin auf der Schreibmaschine. Die Predigten verfasste ich handschriftlich – eng und schräg beschriebene DIN-A5-Blätter. Wenn er Zeit hatte, durfte ich sie meinem Mann in die Maschine diktieren.

Kaum vorzustellen: Wir schrieben alles mit der Hand. Die Kulturtechnik des Tippens war einer bestimmten weiblichen Berufsgruppe, der ausgestorbenen Art der Sekretärin, vorbehalten. Diese Vorzimmerdamen, die Herrinnen waren über das Briefpapier und deren Finger hurtig über die Tasten glitten. Heute hat das Wort „papierlos" Konjunktur. Ein blanker, leerer Tisch ist die moderne Büroeinrichtung. Und abgehängt, wer sich nicht auf einer Tastatur bewegen kann.

Die Kulturtechnik des Tippens war einer bestimmten Berufsgruppe vorbehalten.

Als ich Chefredakteurin einer Kirchenzeitung wurde, musste ich als Erstes lernen, auf einem Computer zu schreiben. Die fertigen Seiten wurden nicht mehr spätabends zur Post gebracht, sondern per Kassette verschickt, später digital. Man lernte neue englische Wörter wie „E-Mail“ und „Modem“ und als ich zum ersten Mal meinen Namen in die Suchmaschine „Yahoo“ eingab, fühlte ich mich wie beim Jüngsten Gericht. Artikel, Texte, Vorträge, die ich Jahre zuvor geschrieben oder gehalten hatte, schauten mich aus dem Bildschirm an. Ich brauchte eine ganze Weile, bis ich mich wieder hineintraute, in das, was man inzwischen Internet nannte.

Wir wuchsen hinein und staunten.

Wir waren so sehr damit beschäftigt, mit diesen neuen Techniken umgehen zu lernen, dass wir uns keine Gedanken machten, was diese mit uns machen würden. Mit unserem Leben, mit unserer Sprache, mit der Art, wie uns informieren und wie wir kommunizieren. Was sie mit unseren Geheimnissen machen und unserem Wissen. Kurz: was sie mit unserer Seele machen würden.

Wir lernten neue Formeln und bekamen neue Adressen, wir lernten auf winzigen Tasten zu tippen und zu wischen. Wir lernten Texte, Fotos und Filme zu verschicken oder Sprachnachrichten in ein unsichtbares Mikrophon zu sprechen. Wir wuchsen hinein und staunten.

Wir freuten uns. Meine erste Handynummer lautete 0172/4344161. 1997 im Sommer hielt ich den ersten Ohrknochen in der Hand. Er wog wohl beinahe ein Pfund und man konnte damit nur telefonieren. Dienstlich. Mein Chef konnte mich nun immer erreichen. Man musste nicht mehr vor Telefonzellen anstehen. Der Stress, ein funktionierendes Tastentelefon im „Telefon-Häuschen“ auf Kreta zu finden, ist mir in Erinnerung und dass ich als

Zwanzigjährige in sechs Wochen zweimal meine Eltern erreichte.

Jetzt war man immer erreichbar und der Lärmpegel in Zügen und U-Bahnen, in Bussen und Straßenbahnen, auf der Straße und beim Friseur begann stetig anzusteigen. Neulich telefonierte eine Frau im ICE lauthals mit ihrem Arzt. Ich weiß jetzt, welche Symptome sie hat, welche Medikamente sie nimmt, wann sie den nächsten Termin hat und wie ihre Heilungschancen sind. Als ich ihr sagte, dass ich mich geniere, ihr zuzuhören, sah sie mich fassungslos an. Vielleicht ist nirgendwo so deutlich spürbar, wie sehr heute das Private öffentlich ist, wie bei der Handynutzung im öffentlichen Raum.

Ich lernte das Wort „Hypermedialität", was bedeutet, dass verschiedene Medien verlinkt und kombinierbar werden: Text und Bild und Ton, die vormals getrennt rezipiert wurden, wuchsen zu Gesamtkunstwerken zusammen, auf die man per Netzwerk zugreifen konnte. Ich lernte auch das Wort „Rhizom". Es stammt aus der Botanik und wurde bereits in den siebziger Jahren von den französischen Philosophen Gilles Deleuze und dem Psychiater Felix Guattari[1] für eine neue Form der Wissensorganisation gebraucht: Wir organisieren unser Wissen nicht mehr hierarchisch von oben nach unten wie bei einem Baum. Wir organisieren unser Wissen und unsere Informationen heute wie Rhizome, wie Wurzelwerke, die unterirdisch die Erde durchziehen, keinen Mittelpunkt haben, sondern sich nur durch verschiedene Knotenpunkte miteinander vernetzen. So entsteht ein stabiles Geflecht. Das war ein treffliches Bild für die Erfahrung,

Selbst die Kirchen, oft als kulturpessimistische Institutionen belächelt, bejubelten die neuen Möglichkeiten im Netz.

wie man Wissen über die ganze Erde hinweg organisieren, demokratisieren und globalisieren kann.

Wir waren begeistert. Uns schien sich in den neunziger Jahren die Welt zu öffnen. Selbst die Kirchen, oft als kulturpessimistische Institutionen belächelt, bejubelten die neuen Möglichkeiten im Netz. Die Institutionen bemerkten, dass sie nun nicht mehr durch das Nadelöhr der journalistischen Wahrnehmung gehen müssen, sondern sich eigene Öffentlichkeiten schaffen können. Die Differenz zwischen Journalismus und Öffentlichkeitsarbeit begann abzuschmelzen.

Wikipedia wurde das berühmteste Beispiel für Netzwerkwissen. Wikipedia hat die Lexika überflüssig gemacht. Meine Brockhaus Enzyklopädie von 1994 ist heute in Umzugskisten verpackt. Aus Platzgründen. 2006 erschien die letzte Ausgabe mit Hörbeispielen kombiniert. Der Vertrieb von Brockhaus Bänden wurde 2014 eingestellt. Seitdem gibt es einen Online Service der Marke Brockhaus. Das vernetzte Wissen hat die Wissensautoritäten überholt.

Zur Jahrtausendwende hatte der amerikanische Schriftsteller John Updike[2] eine Familiensaga auf den Markt gebracht: „Gott und die Wilmots“ erzählt über 100 Jahre die Geschichte des Verfalls einer Pfarrersfamilie und wie aus dem Vertrauen auf Gott die Abhängigkeit von den Medien wurden. Pfarrer Wilmot ist ein ehrwürdiger presbyterianischer Geistlicher Anfang des 20. Jahrhunderts, ein Pfarrer, der in den Traditionen der Kirche aufgeht, der ein großzügiges Haus führt und seine Kinder im Geist des Christentums erzieht. Dieser Pfarrer verliert seinen Glauben. Er verliert ihn, weil die theologische Wissenschaft ihm zumutet, dass die biblischen Texte kein vom Himmel gefallenes Wort Gottes sind, sondern historische Dokumente aus alter Zeit, die je und je neu interpretiert werden müssen. Das Fundament seines Glaubens ist erschüttert. Er kann nicht mehr aus der einen göttlichen Wahrheit sprechen und er kann sich nicht mehr auf die göttliche Wahrheit der biblischen Texte berufen. Er verliert das Vertrauen in die Welt. Die Stimme versagt ihm. Er gibt sein Amt zurück und fristet sein weiteres Leben als Haustür-Verkäufer von Lexika. Eine Gattung von Texten, bei der er hofft, dass sie nach der zertrümmerten Wahrheit des Glaubens wenigstens die Richtigkeit der Wissenschaft birgt. Eine objektive Autorität.

Das vernetzte Wissen hat die Wissensautoritäten überholt.

Diesen Glauben haben wir im 21. Jahrhundert erneut verloren. Wir haben die Autoritäten des Wissens, des Handelns und der Information so gründlich relativiert, dass wir in der steten Verunsicherung leben. Was ist richtig, was ist wahr, wer will informieren, wer will täuschen? Das macht aufgeregt – und zwar auf Dauer.

Wir existieren in einer andauernden Erregung, die uns süchtig macht nach immer neuen Informationen. Wir befinden uns, so formuliert es der deutsche Medienwissenschaftler Bernhard Pörksen, in einem Zustand dauernder „Gereiztheit“[3] unaufhörlich auf der

Suche nach dem neuen Kick. Wobei der Reiz in der Informationsgesellschaft die schlechte Nachricht ist: Der Dax wächst nicht mehr, die Wirtschaftsweisen warnen vor Handelskrieg, die Russen manipulieren Wahlen. Täglich und stündlich wird mir Angst gemacht. Angst vor dem Niedergang. Angst davor, dass es mir im Alter schlechter geht und meine Kinder den Lebensstandard nicht aufrechterhalten können.

Wir hatten uns das anders vorgestellt. Wir hatten vom Fortschritt durch Beteiligung geträumt. Das Netz als Wurzelwerk der Gesellschaft. Als Instrument der Mitbestimmung und konstruktiven Debatte. Wir lasen neu die alte Radiotheorie von Bertolt Brecht[4], der schon 1933 ganz am Anfang der Radiotechnik in Deutschland vom Radio als „Kommunikationsapparat" geträumt hatte, in dem sich die Bürger und Bürgerinnen zu Wort melden und eine eigene Stimme bekämen. Seine Träume wurden durch den Volksempfänger im „Dritten Reich" ruiniert.

Sein Schriftstellerkollege Hans Magnus Enzensberger entwarf Jahre später eine sozialistische Medientheorie.[5] Auch er erhoffte sich von den Medien der Zukunft, dass sie die Stimme des Volkes abbilden, das Machtgefüge hinterfragen und die Informationsmonopole durchbrechen würden. Er träumte von hierarchiefreien Bürgermedien, die mitbestimmend werden in der Selbstorganisation der Gesellschaft. 30 Jahre später sucht er in einem Essay mit dem Titel „Wehrt Euch"[6] die Öffentlichkeit und warnt vor den politischen Folgen der Digitalisierung für die Demokratie. Sein Handy hat er weggeworfen, den Computer auch. Er schreibt wieder auf der alten

Schreibmaschine. Das ist sicher keine zukunftsweisende Lösung.

Auch der deutsche Philosophenpapst Jürgen Habermas, der den „informierten Diskurs“ einer intelligenten Mediengesellschaft als Grundlage einer funktionierenden Gesellschaft beschreibt, sorgt sich um die Qualität der Information. Er empfiehlt heute das öffentlich-rechtliche System für alle Medien[7], um die Richtigkeit von Informationen und die Vielschichtigkeit und Seriosität von Argumenten zu sichern. Denn für eine demokratische Gesellschaft sind die Wahrhaftigkeit von Informationen und das Vertrauen in die Debatte ebenso wichtig wie die Fragen nach ökologischer Nachhaltigkeit. Wenn Informationen kontaminiert sind, vergiftet das die Gesellschaft.

Heute werden wir Bürgerinnen, Kunden und Nutzerinnen Zeugen, wie die Autorität der Institutionen nur noch wenig gilt.

Dabei waren die Väter und Mütter der demokratischen Nachkriegsgesellschaft der felsenfesten Überzeugung, dass es eine Überlebensfrage der Gesellschaft ist, dass Medien klug reguliert werden. Dass sie dem Wohl der Gesellschaft dienen, dass sie allen Bürgerinnen und Bürgern gehören und es einer gemeinschaftlichen Anstrengung aller bedarf, die Unabhängigkeit und die Wahrhaftigkeit der Informationen zu sichern.

Man übersieht leicht, dass hinter dem nüchternen Begriff des Gesellschaftsrechts des „öffentlich-rechtlichen Rundfunks“ ein wunderschöner Gedanke steckt: Wir Bürgerinnen und Bürger dieses Landes sehen es als unsere gemeinschaftliche Aufgabe an, die Informationsmacht und Deutungsmacht im Lande zusammen zu finanzieren und zu kontrollieren. Mit Beiträgen, nicht mit Steuern, wie in anderen europäischen Ländern. Jeder Haushalt trägt zu dieser Gemeinschaftsaufgabe bei.

Nicht von ungefähr attackieren Regierungen, die den Systemwandel wollen und die Demokratie ablehnen, den öffentlich-rechtlichen Rundfunk zuallererst. Das hat man in Ungarn gesehen, in Polen, man kann es in Österreich beobachten und in Deutschland ebenso. Eine Gesellschaft kann nur gespalten werden, indem man das informationelle Gemeinschaftsprojekt auflöst, unterhöhlt und unglaubwürdig redet. Den meisten Menschen ist das nicht bewusst.

Erst als im Frühjahr 2018 in der Schweiz die rechtspopulistische Initiative „NoBillag" eine Volksabstimmung über das Schweizer Rundfunksystem provozierte, begannen die Menschen über Sinn und Zweck dieser schönen Medienarchitektur zu debattieren und vielleicht zu begreifen, dass eine Gesellschaft so gut ist, wie ihre Sozialsysteme stabil sind. Das Rundfunksystem, das die Wahrhaftigkeit der Informationen garantiert, gehört hier zu den entscheidenden Säulen der Gesellschaft. Das Wissen um die Bedeutung dieser Medienarchitektur könnte neu vitalisiert werden in einer Zeit, in der die Nutzerinnen und Nutzer des Netzes nicht mehr wissen, wem sie glauben können.

Eine Folge spüre ich an mir selbst: eine Abwehr bei gleichzeitiger Neugier. Eine Art Angstsucht. Ich lese Nachrichten heute lieber oder höre sie, als dass ich sie im Fernsehen ansehe. Auch bei der Mediathek muss ich mich zwingen, Nachrichtensendungen anzusehen. Denn ich fürchte mich vor den Bildern: den Kriegsbildern, den Bildern demonstrierender Glatzen, den Bildern antisemitischer Araber. Sie zeigen mir eine Welt, die die Mitte verloren zu haben scheint. Es ist leichter zu ertragen, das zu hören oder zu lesen, als in Bildern vorgeführt zu bekommen.

Ich verstehe jetzt, warum im Zweiten Weltkrieg die süßlichsten Schnulzen gedreht wurden. Man will weg aus den Aporien der politischen Lage, aus den Bedrohungsszenarien, aus den Hiobsbotschaften.

Was alle spüren, ist diese allgemeine Verunsicherung, die von interessierten Seiten im In- und Ausland geschürt wird. Das ist die Folge von Informationsstress bei gleichzeitiger Sorge, diese Informationen seien falsch, unrichtig, halbwahr, gefakt, manipuliert, irreführend eingeordnet oder einfach aus der Luft gegriffen. Diese Informationssucht bei gleichzeitigem Misstrauen – das sich in dem Schimpfwort „Lügenpresse" fokussiert – hat ähnliche Auswirkungen wie andere Süchte: Man konsumiert mit schlechtem Gewissen Rauschmittel, über deren Wirkung man Bescheid weiß, kann es aber nicht lassen und untergräbt damit das Vertrauen in das eigene Leben und in die Zukunft.

Insofern sind die Fragen nach dem aktuellen Medienkonsum politische, ethische aber auch zutiefst spirituelle Themen. Was bewegt meine Seele? Was bindet meine Aufmerksamkeit? Denke ich über die wichtigen Dinge nach oder über die unwichtigen? Wie ist mein Vertrauen in das, was öffentlich gesagt wird? Oder wächst mit der

Gereiztheit auch die Abwehr und die Aggression? Wie verändert sich der Ton? Gibt es im Meer der Informationen und Meinungen Glaubwürdigkeitsadressen und welche Rolle spielt mein Glaube inmitten der Suche nach Glaubwürdigkeit, Wahrhaftigkeit und Vertrauen? Gibt es einen Glauben, der mich in eine Blase von Gleichgesinnten katapultiert oder gibt es einen Glauben, der mir hilft, inmitten der Wucht und Menge dessen, was auf mich einströmt, gelassen zu unterscheiden oder – wie man biblisch sagt: die Geister zu scheiden?

Literatur

1 Deleuze, Gilles, und Félix Guattari. *Rhizom*. Übersetzt von Dagmar Berger, Merve-Verl, 1977.

2 Updike, John. *Gott und die Wilmots: Roman*. 1. Aufl, Rowohlt, 1998.

3 Pörksen, Bernhard. *Die große Gereiztheit:Wege aus der kollektiven Erregung*. 1. Auflage, Carl Hanser Verlag, 2018.

4 Brecht, Bertolt. „Der Rundfunk als Kommunikationsapparat". *Gesammelte Werke in 20 Bänden*, Bd. 18, 1992, S. 128–31.

5 Enzensberger, Hans Magnus, und Peter Glotz, Herausgeber. *Baukasten zu einer Theorie der Medien: kritische Diskurse zur Pressefreiheit*. Fischer, 1997.

6 Enzensberger, Hans Magnus. „Enzensbergers Regeln für die digitale Welt: Wehrt Euch! – Debatten – FAZ". *Frankfurter Allgemeine Zeitung*, 28. Februar 2014, http://www.faz.net/aktuell/feuilleton/debatten/enzensbergers-regeln-fuer-die-digitale-welt-wehrt-euch-12826195.html.

7 Habermas, Jürgen. „Keine Demokratie kann sich das leisten". *sueddeutsche.de*, 19. Mai 2010. *Sueddeutsche.de*, https://www.sueddeutsche.de/kultur/juergen-habermas-keine-demokratie-kann-sich-das-leisten-1.892340-3.

3. Kapitel

Angst und Aufmerksamkeit

> Eigentliche Aufmerksamkeit ist sowenig einzupredigen und einzuprügeln wie ein Trieb.
>
> *Jean Paul*

Ich weiß nicht mehr, was ich glauben soll. Unsere Kanzlerin streitet sich wieder einmal mit dem Innenminister der CSU. BILD meldet am nächsten Tag, dass nur noch drei Abgeordnete hinter der Kanzlerin stünden. Man vermutet Kanzlerinnendämmerung und fürchtet, das Land werde instabil. Was, wenn die Koalition, die ein halbes Jahr verhandelt hat, kurze Zeit später wieder zerbricht? Geschürt werden Aufregung und Verunsicherung. Spiegel Online meldet sechs Stunden später, dass sich die große Mehrheit der CDU hinter der Kanzlerin sammeln würde, BILD hätte nur alle Abgeordneten, die auf deren Anfrage nicht geantwortet hätten, auf die Seite der CSU gerechnet.

So macht man Angst, so schürt man Instabilität. So verändert man die Prozesse der Demokratie, so lenkt, ja so manipuliert man Aufmerksamkeit, so verstört man die Menschen. Ein Beispiel von vielen, die seit etwa drei Jahren den Journalismus, also die Aufmerksamkeitsindustrie, in Deutschland beschäftigen. Haben die Leute recht, die sagen, die Medien machen ihre Arbeit nicht mehr oder muss man konstatieren, sie machen ihre Arbeit unter völlig veränderten Bedingungen?

In den sechziger Jahren des vergangenen Jahrhunderts machten sich die norwegischen Friedensforscher Johan Galtung und Mari Holmboe Ruge[1] daran, zu untersuchen, warum Zeitungen und elektronische Massenmedien so wenig geeignet scheinen, einen Beitrag zum Weltfrieden zu leisten. Warum im Gegenteil sich der Eindruck aufdrängt, dass Massenmedien Konflikte verschärfen, Polarisierungen verhärten, Vorurteile zementieren. Und sie formulierten zum ersten Mal, dass es im Geschäft mit der öffentlichen Meinung gewisse Marktregeln gibt. Selektionsmerkmale, nach denen Journalisten die Relevanz von Nachrichten einordnen und verbreiten.

Es war die Zeit der aufkommenden Massenmedien. Das Fernsehen begann seinen Siegeszug durch Europa; in Deutschland wurde das ZDF gegründet; in Kanada begründete der Literaturwissenschaftler Marshall McLuhan die Medienwissenschaft und richtete das Augenmerk der nachdenklichen Zeitgenossen auf die Wahrnehmungsformen, die durch die Übertragungsart geprägt werden. Nicht der Inhalt, den ein Medium transportiert, ist nach McLuhan spielentscheidend für seine Wirkung, sondern die Übertragungstechnik, also die Art und Weise, wie es unsere Aufmerksamkeit gefangen nimmt: über die Ohren, die Augen organisiert auf einem Blatt Zeitungspapier, stark im emotionalen Angang oder rational und distanziert. Er träumte – aus heutiger Perspektive visionär – von den Massenmedien, die die Welt zu einem „globalen Dorf“ machen. Und wie die

„Menschheit", die bisher eine abstrakte Gattungsbeschreibung war, nun konkret wird, wie in einem Dorf. Die Digitalisierung lässt diesen Traum näher rücken: Eines Tages können wir vielleicht die Menschheit – jeden Menschen einzeln – digital erreichen.

Auch die Kirchen träumten von einem Mediengebrauch, der die Zivilgesellschaften und ihre demokratische Entfaltung stärkt, der das Evangelium von der Heilung und Freiheit durch Gott durch die Welt verbreitet, der Menschen ermutigt, ermächtigt und befähigt und vernünftige Debatten in den Gesellschaften evoziert. 1968 in Uppsala sangen die vereinigten Christlichen Kirchen des Ökumenischen Rates der Kirche das Hoffnungslied der Massenmedien.

Auch die Kirchen träumten von einem Mediengebrauch.

Johan Galtung und Mari Ruge aber hatten inzwischen realisiert, dass Medien kulturabhängig sind, dass sie einer bestimmten politischen und gesellschaftlichen Perspektive anhängen und dass die Marktregeln, unter denen sie stehen, nicht unbedingt dazu geeignet sind, Frieden zu stiften. Denn die Nachrichtenselektion in den Massenmedien – also nach welchen Kriterien Journalistinnen und Journalisten die Bedeutsamkeit einer Nachricht auswählen – ist nicht dazu geeignet, gegenseitiges Verständnis zu wecken und Gräben zu überwinden. Negativität, Sensation, Überraschung, Prominenz, Nähe. Also: Was in meiner Nähe geschieht, ist für mich wichtiger als das, was weit weg geschieht; Überraschendes lese ich bereitwilliger als Vorhersehbares; schlechte Nachrichten fordern meine Aufmerksamkeit reflexhafter als gute.

Diese ernüchternde Erkenntnis, dass Massenmedien aus der Welt kein friedliches globales Dorf, sondern vielleicht im Gegenteil einen Meinungs- und Deutungsraum konkurrierender und verschärft gegensätzlicher Meinungen bilden, brachte einen Journalismus hervor, der Jahrzehnte unter dem Motto des legendären Nachrichtenmanns des Ersten Deutschen Fernsehens Hanns Joachim Friedrichs segelte: „Einen guten Journalisten erkennt man daran, dass er sich nicht gemein macht mit einer Sache – auch nicht mit einer guten Sache; dass er überall dabei ist, aber nirgendwo dazu gehört.“[2]

Der Versuch der strikten Annäherung an die Objektivität durch multiperspektivische Betrachtungsweise, das zeichnet die alte Welt des professionellen Journalismus mit seinen alten Idealen aus. „Et altera pars“, lautete die Devise: Wenn Du etwas behauptest oder berichtest, so musst Du die entgegengesetzte Meinung auch zu Wort kommen lassen und sie mit vernünftigen Argumenten gegeneinander wägen.

Aber kann es diese Form von journalistischer Unberührbarkeit und Äquidistanz überhaupt noch geben in einer Mediengesellschaft, in der der Meinungsstreit tobt, in der jede Bürgerin selbst Sender ist und auf Youtube Millionen von Zuschauern anziehen kann? Kann es den Journalismus der neutralen Gatekeeper, also der Nachrichtenpförtner, noch geben in einer Welt, die individualisiert veröffentlicht, auch individualisiert rezipiert und sich zunehmend polarisiert?

Wenn Du etwas behauptest oder berichtest, so musst Du die entgegengesetzte Meinung auch zu Wort kommen lassen.

Der arabische Sender Al Dschasira und seine Entwicklungsgeschichte ist ein gutes Beispiel für den Wandel der journalistischen Tugenden. Als dieser panarabische Sender 1996 gegründet wurde – nachdem eine Kooperation zwischen der BBC und einer saudiarabischen Nachrichtenagentur gescheitert war –, sollte er eine Stimme der arabischen Welt unter den journalistischen Prämissen der westlichen Welt werden. Die Reporter und Redakteure dieses Senders aus dem kleinen Katar erhielten ihre Ausbildung bei der Mutter aller öffentlich-rechtlichen Sender, der englischen BBC. Der Emir von Katar, der diesen Sender finanzierte, erhoffte sich – neben dem publizistischen Einfluss – einen Beitrag zu leisten zur politischen Aufklärung und zur Debattenkultur in der arabischen Welt. Es sollte ein informierter Kommunikationsraum unter den arabischen Staaten entstehen. Deutsche Sender gingen eine Partnerschaft ein mit diesem aufstrebenden Medienhaus, dessen über Satelliten verbreitetes Programm jeden Haushalt in der arabischen Welt erreichen sollte und das Korrespondentenbüros in Europas Hauptstädten hatte.

Doch mit den Jahren wurde immer deutlicher, dass es eine objektive Stimme in der arabischen Medienwelt schwer hat – zu divers sind die politischen Interessen. Während des Arabischen Frühlings wurde dann immer offensichtlicher, dass der mächtigste Sender der arabischen Welt seine Neutralität und Äquidistanz aufgegeben hatte und sich – zunächst mit den Studierenden sympathisierend, die nach Demokratie riefen und nach Gerechtigkeit – später während der Aufstände des

Arabischen Frühlings mehr und mehr auf die Seite der Muslimbrüder schlug.

Auch bei uns in den westlichen Demokratien ist es heute nicht einfach, sich als Journalistin von den politischen Positionskämpfen entfernt zu halten. Im Gegenteil, es wird auch unter Journalisten zum Habitus, als Gesinnungstäter aufzutreten und mit dem durch die Zeitung bekannten Namen die Autorität und Legitimation der persönlichen Botschaft zu erhöhen. So hat es eine Reihe von einflussreichen Journalisten, die das Geschäft mit der Aufmerksamkeit erlernt haben, in die rechtspopulistische Szene getrieben.[3] Sie betreiben dort das Mediengeschäft als durchaus erfolgreiche „Influencer". Und so wird der Aufmerksamkeitsjongleur mit den professionellen Kenntnissen eines Journalisten zum Marketinginstrument für wechselseitige Interessen.

Die Folge ist, dass einst klare Grenzen verschwimmen. Auch die Qualitätspresse scheint den öffentlichen Diskurs weniger zu moderieren, als selbst Teil des öffentlichen Meinungsstreits um die Deutungshoheit im Lande zu werden. Sie wird in die Rolle von Politakteuren gedrängt, statt Foren der vielstimmigen Debatten zu sein. Nachricht, Bericht und Kommentar, ehemals klar definierte Perspektiven im medialen Diskurs, verschwimmen. Die Grenzen zwischen Öffentlichkeitsarbeit, PR und Marketing scheinen sich aufzulösen. Die Faktenbasis gemeinsamer Diskurse steht in Frage. Das macht das Geschäft mit der Aufmerksamkeit zum Geschäft mit der Aufregung. Gerade bei den Online-Medien, die nach den Kriterien von Negativität und Sensation immer schneller um die öffentliche Aufmerksamkeit wetteifern, mehren sich die Fehl- und Falschmeldungen.[4]

Aus einer geordneten Mediengesellschaft wird das offene Feld der Influencer. „Influencer“, das ist das neue Zauberwort in der individuellen Medienszene und es wird ein symbolischer Begriff für den Markt der Aufmerksamkeitsökonomie.[5]

Zunächst waren damit nur die neuen Helden und Heldinnen der Netzgesellschaft gemeint, die als eine Art Litfaßsäule im Bewegtbild unterschiedliche Marken inszenieren. Angeblich gibt es in Deutschland über vier Millionen Influencer. Menschen, die über ihre Glaubwürdigkeit und Authentizität, über ihr Aussehen oder ihre Expertise zum Image einer Marke beitragen. Im Marketinggeschäft stellt man fest, dass diese Form der Werbung, die ein Gesicht und dessen Lebensstil und Einstellung, dessen Tageslauf und Biografie mit einer bestimmten Marke auflädt, derzeit die treffsicherste und erfolgreichste Form der Werbung sei. Wenn aber die Kraft der Unterscheidung von Markenwerbung und weltanschaulicher Werbung, von Einflussnahme und Manipulation im Schwinden begriffen sind, stellt sich eine Verwirrung ein. Man kann den Eindruck haben, dass eine solche Verwirrung derzeit die Gesellschaft befallen hat. Deutlich wird dies etwa in der Rede des Bundespräsidenten Frank-Walter Steinmeier zur Eröffnung der Aktion „Deutschland spricht“, wo er attestiert: „Deutschland spricht nicht – Deutschland brüllt.“[6]

Es wird also immer schwerer, mit der Ressource unserer Aufmerksamkeit selbstbestimmt und selbstnavigie-

Die physische Welt verliert an Bedeutung und wir nehmen den Sound durch die Kopfhörer oder die Bilder auf dem Handy als unsere Umgebung wahr.

rend umzugehen. Jeder Medienwandel verändert die Prozesse der menschlichen Aufmerksamkeit.

Das Medium Internet, mit dem Menschen bis zu 46 Stunden in der Woche verbringen – mehr als mit Arbeit oder Familie[7] –, fesselt unsere Aufmerksamkeit jedoch in einer besonderen Weise: Das Leben in der virtuellen Welt, dieser Anderswelt, verwurzelt sich derart tief in unseren Alltag, dass die Welten sich ineinander auflösen.

Man kann das im Alltag beobachten, wenn im Zug oder auf der Straße die Menschen dem Gegenüber oder dem Verkehr keine Aufmerksamkeit mehr widmen, sondern bei Rot die Straße überqueren, weil sie mit allen Sinnen von dem Display ihres Handys gefesselt sind. Es vergeht uns Hören und Sehen. Die physische Welt verliert an Bedeutung und wir nehmen den Sound durch die Kopfhörer, die Bilder auf dem Handy oder die Chats mit unseren Freunden als unsere Umgebung wahr. Wenn man jemanden anspricht, um beispielsweise nach dem Weg zu fragen, dann muss man ihn berühren, an die Schulter tippen und er blickt auf, als würde er aus einem Traum erwachen.

Der Kunsthistoriker Jonathan Crary[8] versucht in seinem aufregenden Werk „Wahrnehmung und moderne Kultur“ zu zeigen, „wie die westliche Moderne seit dem 19. Jahrhundert von Individuen verlangt, sich im Sinne eines Vermögens der Aufmerksamkeit zu definieren und zu formen“. Er versucht, in einem weiten Bogen, der letztlich die Subjektivität des Betrachters zum Thema hat, die Rolle zu reflektieren, die ein neues System „von Quantifizierung und Distribution“ spielte. Die neuen Bildmedien am Ende des 19. Jahrhunderts, die Fotografie und der Film, sind für ihn eine Art Aufmerksamkeitsdiktatoren, die die Wahrnehmung selektieren und die Wahrnehmung der Menschen von sich selbst und ihrer Mitwelt vollständig verändert haben. Wir haben es in diesem Sinne mit einem gigantischen Aufmerksamkeitswandel zu tun – hin zur Anderswelt, die ein Spiegel unserer Welt ist, die wir nur anders, weil aphysisch wahrnehmen.

Aleida Assmann[9] gab bereits 1996 einen Sammelband zu dem Thema heraus, in dem sie den Begriff der Aufmerksamkeit und die unterschiedlichen menschlichen Aufmerksamkeiten als kulturelles Phänomen verfolgt und zwischen einer strategischen und einer transzendierenden Aufmerksamkeit unterscheidet, wobei die erstere das Ergebnis von Inszenierungen und die andere das religiöse Staunen beschreibt. Schon Augustinus intoniert ein theologisches Nachdenken über Aufmerksamkeit, indem er die menschliche Aufmerksamkeit als wandelbares Phänomen beschreibt im Unterschied zur göttlichen „Intensio“, die eine unwandelbare Aufmerksamkeit Gottes auf seine Schöpfung konstatiert. „Seine Aufmerksamkeit geht nicht von einem Gedanken zum anderen über, sondern seine unkörperliche Anschauung hält alles zugleich wissend umfasst.“[10] Das Problem der Aufmerksamkeit des Menschen wird hier festgemacht an der Beobachtung der sich verändernden Gedankenrichtungen. Die menschliche Aufmerksamkeit ist also in einem ständigen Übergang befindlich und der Kampf der Aufmerksamkeitsökonomie zielt darauf ab, uns mit immer schnelleren und intensiveren Reizen zu binden.

Der Philosoph Bernhard Waldenfels versucht in seinem Buch „Das Phänomen der Aufmerksamkeit" dem Begriff und dem Wesen der Aufmerksamkeit auf die Spur zu kommen. Er bescheinigt der menschlichen Aufmerksamkeit etwas zunächst ganz und gar Unverfügbares. Aufmerksamkeit ist ausgespannt zwischen einem unwillkürlichen und einem willentlichen Akt. Sie liegt ausgespannt zwischen der Ästhetik und der Ethik, zwischen dem Sein und dem Sollen. Wobei die Aufmerksamkeit nicht moralisiert werden kann und dennoch immer einen ethischen Unterton hat: „Was uns auffällt, lässt uns nicht gleichgültig."[11] Die „Beachtung, die etwas oder jemand findet, ginge damit über in eine Achtung, die geschuldet ist und die wir schenken oder verweigern. Denn Aufmerksamkeit hat immer eine soziale Konnotation. Aufmerksamkeit führt zur Beachtung. Beachtung, die wir schenken, kann zu Achtsamkeit führen, kann Rücksicht und Respekt entstehen lassen. Das niederländische Wort für Aufmerksamkeit ist im Übrigen „aandacht". Aufmerksamkeit hat also eine zutiefst spirituelle Dimension.

Aufmerksamkeit, Beachtung, Achtsamkeit, Respekt, Andacht: alles Worte im Begriffsfeld der Aufmerksamkeit. Hat unser Blick auf den Bildschirm oder auf das Display mit dieser Form von Aufmerksamkeit etwas zu tun? Wenn es stimmt, dass Aufmerksamkeit ausgespannt ist zwischen einem willkürlichen und unwillkürlichen Akt, wenn es denn stimmt, dass Aufmerksamkeit wie ein

„Trieb“[12] ist, dann ist diese Form der Triebhaftigkeit der digitalen Welt ganz besonders ausgeliefert.

Aufmerksamkeit ist ausgespannt zwischen einem unwillkürlichen und einem willentlichen Akt. Sie liegt ausgespannt zwischen der Ästhetik und der Ethik, zwischen dem Sein und dem Sollen.

Der Facebook-Mitbegründer Sean Parker sagte Ende des Jahres 2017 auf einer Veranstaltung der Webseite Axios über sein ehemaliges Unternehmen: Er könne die Social-Media-Nutzung mittlerweile nicht mehr mit seinem Gewissen vereinbaren. Bei Facebook sei die Überlegung immer gewesen, wie es die Menschen dazu bringen könne, der Seite möglichst viel ihrer Zeit und Aufmerksamkeit zu widmen: „Das heißt, wir müssen den Menschen ab und zu einen kleinen Dopaminschub geben, das passiert, wenn jemand Sachen von dir liked oder ein Foto kommentiert. Es ist ein Feedback Loop, der auf dem Drang der Menschen nach sozialer Bestätigung basiert. (...) Wir haben eine Schwachstelle in der Psychologie der Menschen ausgenutzt. Die Erfinder, also ich und Mark (Zuckerberg) und Kevin Systrom (Instagram) wussten das. Und wir haben es trotzdem gemacht.“[13]

Facebook ist nur ein Beispiel einer globalen Plattform, die das Gold oder Öl des 21. Jahrhunderts sammelt: Das sind Daten. Diese Daten werden den werbenden Unternehmen überlassen, damit die besonders personalisiert und zielgerichtet werben können: Der Fachausdruck heißt „targeting“ und kommt aus der Schießkunst. Der Deal läuft ganz logisch ab. Je länger die Verweildauer auf der Plattform, desto mehr verdienen die Marke und die

Plattform. Facebook verdient also an der Aufmerksamkeit der Kunden. Facebook und andere soziale Netzwerke bedienen den Trieb mit immer neuen Kicks, indem sie unsere Aufmerksamkeit nach allen Regeln der Kunst binden.

Zivilisierung und Kultur bedeutet Triebbeherrschung. Alle Religionen haben mit dem Ziel der Beherrschung der Aufmerksamkeit Kulturtechniken entwickelt, die aus der „unwillkürlichen" Aufmerksamkeit eine „willkürliche" machen. Diese Techniken fördern die Konzentration und öffnen im Menschen einen Raum, in dem er sich seiner Wurzeln versichert, seiner Werte und seiner Geschöpflichkeit. Den Ort, in dem er zwischen Gut und Böse wägt, in dem er Zeit hat, seine Seele bei Gott zu beheimaten und in Gottes Perspektive die Geister zu scheiden. Die einen nennen es Meditation, die anderen Gebet.

Die einen nennen es Meditation, die anderen Gebet.

Das Wissen, dass der Mensch im Trubel der Welt eine Art „Technik" als Kulturtechnik braucht, um sich rückzuversichern, bei sich anzukommen, sich zu verorten und die Geister zu scheiden, die auf ihn einwirken und einflüstern, das ist tief in den Religionen zu Hause und spiegelt sich in den Tagesliturgien der Kirche und in den Gebetsritualen des Einzelnen und der Gemeinde. Gebete sind Aufmerksamkeitsexerzitien, die den unwillkürlichen Aufmerksamkeitstrieb kontrollieren und uns in die Konzentration einladen. Es ist der Versuch, mit dem Wollen das Unwillkürliche unserer Wahrnehmung zu kontrollieren.

In Zeiten, in der unsere Aufmerksamkeit das erklärte Ziel einer überbordenden Reizüberflutung geworden ist, wäre es an der Zeit, die Kunst der Konzentration in den christlichen Gemeinden wieder zu lehren, um die Menschen in ihrer seelischen, geistigen, ja auch geistlichen Unruhe zurückzuführen in den spirituellen Raum, der uns Kriterien schenkt, wie wir unser Leben ausrichten, wem wir glauben und nach welchen Werten wir unser Leben ausrichten.

Denn wir leiden nicht nur an der Überreizung der Aufmerksamkeit, wir spüren auch den Verschleiß. Die Informationen und Bilder, die Nachrichten und Meinungen, die gleichberechtigt und unsortiert auf uns einströmen, verlangen von uns, dass wir in einer Art Selbsterziehung unser Aufmerksamkeitsmanagement neu entdecken, reflektieren und einüben. Wenn wir das nicht tun, dann geht uns das Empfinden verloren von dem, was wichtig ist und unwichtig. Wir verflachen in unserer Wahrnehmung und verflachen in unserer Seele.

Unser Umgang mit Information wird ein Teil der Seelsorge und der Selbstsorge, wird zu einer spirituellen Frage, wird zur christlichen Lebenskunst.

Literatur

1 Galtung, Johan, und Mari Holmboe Ruge. „The Structure of Foreign News. The Presentation of the Congo, Cuba and Cyprus Crisis in Four Norwegian Newspapers". *Journal of Peace Research*, Nr. 2, 1965, S. 64–91.

2 Siehe dazu auch: https://www.welt.de/kultur/medien/article185040810/Anja-Reschke-Zeit-sich-mit-der-guten-Sache-gemein-zu-machen.html. Zugegriffen 27. September 2018.

3 Henk, Malte. „Matthias Matussek: Überwerfung“. *ZEIT ONLINE*, 27. Juni 2018, https://www.zeit.de/2018/27/matthias-matussek-neue-rechte-rechtspopulismus.

4 Hürtgen, Moritz. „Es ist zu einfach!“ *Titanic. Das endgültige Satiremagazin*, 15. Juni 2018, http://www.titanic-magazin.de/gold/artikel/moritz-huertgen-es-ist-zu-einfach/.

5 Franck, Georg. *Ökonomie der Aufmerksamkeit: ein Entwurf*. Ungekürzte Ausg., Lizenzausgabe, Dt. Taschenbuch-Verlag, 2007.

6 Steinmeier, Frank-Walter. „Frank-Walter Steinmeier: ‚Wir entscheiden, wie Deutschland heute spricht‘“. *ZEIT ONLINE*, 23. September 2018, https://www.zeit.de/politik/deutschland/2018-09/frank-walter-steinmeier-deutschland-spricht.

7 „Postbank Digitalstudie 2018: Deutsche pro Woche fünf Stunden länger im Netz als im Büro / Bundesbürger im Schnitt 46,2 Stunden pro Woche online“. *presseportal.de*, 18. Juni 2018, https://www.presseportal.de/pm/6586/3973308.

8 Crary, Jonathan, und Heinz Jatho. *Aufmerksamkeit: Wahrnehmung und moderne Kultur*. 1. Aufl, Suhrkamp, 2002.

9 Assmann, Aleida. „Einleitung“. *Aufmerksamkeiten*, herausgegeben von Aleida Assmann und Jan Assmann, Fink, 2001, S. 11–24.

10 Thimme, Wilhelm, Herausgeber. *Augustinus: Werke*. Bd. 2, 1955, S. 33.

11 Waldenfels, Bernhard. *Phänomenologie der Aufmerksamkeit*. 1. Aufl, Suhrkamp, 2004, S. 261–269.

12 Paul, Jean. *Levana oder Erziehlehre*. In N. Miller (Hrsg.), Sämtliche Werke, 5. Bd. (S. 515–874). Carl Hanser, München 1960.

13 Muth, Max. „Kritik an Social-Media: Mitgründer Sean Parker schießt gegen Facebook“. *Bayerischer Rundfunk*, 9. November 2017, https://www.br.de/ nachricht/facebook-gruender-schiesst-gegen-facebook-100.html.

4. Kapitel

Wahrheit und Bullshit

Was ist Wahrheit?
Pilatus

Über Facebook teilen „meine" kurdischen Schützlinge Fotos von kurdischen Kämpfern. Sie drohen, den IS zu bekämpfen, bis er ausgerottet ist. Zwei Männer mit Kufiya, dieser malerischen Kopfbedeckung gegen Hitze, Sonne und Sandstürme, dunkelbraungebrannt mit drohend erhobenen Fäusten. Das Foto befremdet inmitten der Community wohlmeinender Friedensaktivistinnen, die meine Facebookfreunde darstellen. Meine Facebook-„Freunde" veröffentlichen Petitionen und verschicken Segensnachrichten. Sie grüßen die Muslime zum Ramadan und verschicken Urlaubsbilder. Der Text zum martialischen Bild ist arabisch, die gruselige deutsche Übersetzung signalisiert lediglich, dass es sich um Drohungen gegen den IS handelt.

Ich weiß weder, warum mir das Bild geschickt wird, noch warum die zarte junge Kurdin dieses Bild mit ihren Freunden teilt. Facebook fordert mich auf, das Bild zu liken und zu kommentieren, und wenn ich das tue, fühlt sich irgendjemand da draußen bestätigt und ich bekomme neue Bilder dieser Anmutung: Drohung. Krieg. Hass. Kampf bis zum Letzten. Givin lebt in Deutschland und ist Mutter eines wunderschönen kleinen Mädchens. Was bezweckt sie? Warum soll ich, warum sollen wir dieses Bild sehen? Vermutlich weil sie Kurdin ist und in ihrer Heimatstadt gerade IS und Türken gleichzeitig die Kontrolle übernehmen wollen.

Doch was genau sagt ein solches Bild schon aus über die politische Lage, über die Einordnung der Situation, über mögliche Konfliktlinien oder gar Konfliktlösungspotentiale? Das Foto verbreitet nichts anderes als eine konfuse Stimmung. Die Botschaft ist, dass eine ehemalige syrische Bürgerin, die hier im Exil lebt, sich freut, wenn in ihrer Heimat Männer kämpfen, um die Stadt vom IS zu befreien. Wer sind die Männer, was wollen sie und welche Wahrheit wird hier vermittelt?

Die meisten anderen Freunde meiner Welt teilen bei Facebook ihre Stimmungen und die Höhepunkte ihres Lebens: Pflanzen, Bauwerke, am liebsten Kirchen, Selfies auf Booten im Mittelmeer und allerlei kulinarische Genüsse. Wunderbare Koch- und Backbilder und allgemeine Lebensweisheiten, Zeitungsartikel und zwischendrin politische Appelle. Alles durcheinander. Alles gleichberechtigt, alles gleich gültig. Was ist die Wahrheit, die die Kurdin vermitteln wollte, und was ist die Wahrheit all der Spitzenmomente im Leben der anderen, der überwältigenden Sonnenuntergänge, der Gelage, die ich geteilt bekomme? Und was ist das Interesse meiner „Freunde“? Dass ich hungrig werde oder neidisch, angeregt oder aufgeregt? Dass ich das Glück immer bei den anderen sehe? Dass das Glück eine Norm bekommt: So sieht gelingendes Leben aus?

Was ich nicht sehe, ist das Weinen und das Scheitern und die dunkle Seite des Lebens. Die wird nicht geteilt in meiner Community. Höchstens auf Twitter wird heftig gestritten, aber das nutzen in Deutschland meist Politiker und Journalistinnen.

Meine deutschen „Freunde“ im sozialen Netzwerk teilen Harmloses: Reisen und Blumen und Bücher und politische Appelle. Es könnte sein, dass man mit Facebook immer einsamer wird, wenn man traurig ist und wenn man sieht, wie wundervoll es all die anderen haben. Welche Wahrheit über das Leben der anderen kann ich über eine Plattform überhaupt teilen? Und was ist in dieser beschleunigten, erregten und aufgewühlten Kommunikationsgesellschaft „Wahrheit“?

Vielleicht ist es unwürdig, das große Wort Wahrheit überhaupt zu benutzen, inmitten all der winzigen „Wahrheitchen“, die wir auf den verschiedenen Seiten und Plattformen täglich serviert bekommen. Natürlich: Es gibt unterschiedliche Arten von Wahrheit. Als wir noch beschützt und bewacht waren in der Mediengesellschaft, da organisierten neben den wechselnden Politikern Theologinnen, Juristen und Journalistinnen unsere gesellschaftlichen Wahrheiten.

Dabei hat die Wahrheit der Theologen mit der Wahrheit der Medienschaffenden und der der Juristinnen einiges gemein. Sie unterscheiden sich aber auch in ihrer grundsätzlichen Intention und Funktion für die Gesellschaft. Theologen, Juristinnen und Journalisten möchten die Wahrheiten suchen, finden und öffentlich machen. Aber die Öffentlichkeit für diese Wahrheit zerfällt heute

Um qualitativ gut informiert zu sein, ist heute der Einzelne gefordert.

in viele Millionen kleine Öffentlichkeiten und digitale Beziehungskisten. Die Partikularisierung der Öffentlichkeiten schwächt den Einfluss und die Autorität der gesellschaftlichen Institutionen, auf denen unser Staat beruht – auch der Medien, der Gerichte und der Kirchen.

Um qualitativ gut informiert zu sein, ist heute der Einzelne gefordert. Es braucht eine hohe Kraft der Unterscheidung der unendlich vielen Informationsquellen. Und wir müssen das Selbstmanagement der Aufmerksamkeit einüben. Das bedeutet sicher nicht, dass sich die allgemeine und durchschnittliche Qualität der Informationen und Kommunikationen für die Durchschnittsbevölkerung verbessert hat, obwohl sich die Zugangsmöglichkeiten sehr verbreitert haben. Dass ein amerikanischer Präsident meint, er kann mit Hilfe des Mikrobloggingdienstes „Twitter“ (zu Deutsch Gezwitscher) Welt-Politik machen, zeigt, auf welchen Hund wir informationell gekommen sind. Was aber diese Art der schrankenlosen und barrierefreien Kommunikation für unser politisches und gesellschaftliches und moralisches Zusammenleben bedeutet, können wir noch nicht sicher absehen. Wir erahnen aber – und nun kommen wir in die Begriffswelt der Theologie –, was das für unser *Vertrauen* in die Welt bedeutet, in der wir zusammenleben. Das Vertrauen in die Wahrhaftigkeit der Informationen, in die Glaubwürdigkeit der Sender und Kommunikatoren. Diese Überfülle an ungesicherter Information bedeutet, dass meine Weltbeziehung irritiert wird und brüchig.

Wahrheit, Glauben und Vertrauen, das sind die spirituellen Stichworte. Das sind die Schlüsselbegriffe der biblischen Autoren. Sie stellen von den Propheten bis zu den Paulus-Briefen den Hörerinnen und Lesern die Frage: Worauf vertraust Du, woran glaubst Du und was ist das Fundament, auf dem Du Dein Leben baust? Das sind zugleich Schlüsselbegriffe der Zukunftsfähigkeit unserer Gesellschaften. Im allgemeinen Relativismus sollte die Frage nach dem, was zählt, willkommen sein. Zumal wir in einem Kommunikationszeitalter leben, das ein Verwirrspiel mit unseren Wahrnehmungen betreibt.

Unzutreffende Narrative

Zunächst einige Beispiele, die breit in der Presse diskutiert wurden: Im Januar 2016 kam es zu einem diplomatischen Zwischenfall mit Russland, als eine dreizehnjährige Russlanddeutsche verschwand. Russische Medien verbreiteten die Nachricht, sie sei von Arabern gekidnappt und 30 Stunden vergewaltigt worden. Das russische Außenministerium wurde tätig und verlangte die Verfolgung der angeblichen Täter. Und verbreitete die Nachricht, deutsche Behörden würden den Vorfall vertuschen. Die Polizei ermittelte später, dass das Mädchen sich wegen schlechter Noten nicht nach Hause traute und für ein oder zwei Nächte bei einem Freund unterkam – auch einem Russlanddeutschen. Wer genau sich die Geschichte mit den Arabern ausgedacht hat, ist unklar.

Die Mischung dieser Falschmeldung – wir sagten früher auch „Ente“, heute wird häufig das Wort Fake News verwendet – in den Medien ist explosiv: Ein Zuwandererkind wird in der Folge von der russischen Regierung als Quasi-Russin behandelt. Es wird Hass auf Flüchtlinge geschürt und damit auf eine deutsche Regierung, die diese ins Land gelassen hat. Es wird Rechtspopulisten nach dem Mund geredet. Und es wird das Vertrauen in die Institutionen untergraben.

Und es scheint, dass diese strategische Kommunikation gegen Deutschland Erfolg hat. Das Misstrauen gegen die deutschen Institutionen und Repräsentantinnen ist am Wachsen, es herrschen Verunsicherung und Beunruhigung. Die Moderatorin im russischen Staatssender Erster Kanal zu einem Beitrag über Lisa bedient alle Ängste: „Minderjährige werden vergewaltigt, die Polizei tut nichts, die Täter laufen frei rum“, sagt sie. „Das ist die neue Ordnung in Deutschland.“ Die Stichworte sind symptomatisch und zielen auf höchstmögliche Erregung: Kind. Vergewaltigung. Araber. Weichliche deutsche Behörden. Es kommt zu Demonstrationen Russlanddeutscher gegen den Bundestag.

Oder nehmen wir den Fall der Grünen-Politikerin Renate Künast. Der Düsseldorfer Professor für Online-Journalismus und politische Kommunikation Stephan Marschall nennt das Phänomen „Lügen aus dem Nichts“.[1] Auf Facebook machte ein Bild von Renate Künast die Runde, das ein angebliches Zitat der Grünen-Politikerin in holpriger Rechtschreibung enthielt und auf den mutmaßlichen Täter der Vergewaltigung und Mord an einer Studentin durch einen jungen Afghanen in Freiburg anspielte: „Der traumatisierte junge Flüchtling hat zwar getötet, man muss ihm aber jetzt trotzdem helfen.“ Als angebliche Quelle für das Zitat verzeichnete das „Sharepic“ die „Süddeutsche Zeitung“ (SZ). Künast erstattete Anzeige. Facebook entschuldigte sich. Der Satz aber war in der Welt und wird in den entsprechenden rechten Informationsblasen weiterhin gegen die Person Künast und gegen die Grünen verwendet.

Oder: Das Foto der Kanzlerin mit Anas M. Der gebürtige Syrer Anas M. hat im September 2015 ein Selfie mit Angela Merkel gemacht und es auf Facebook gestellt – was ihn berühmt machte. Doch als die Attentate in Ansbach, Würzburg und schließlich Berlin geschahen, kehrte sich die Stimmung gegen den Flüchtling. Sein Foto wurde auf Facebook als Attentäter-Foto verbreitet, mit der Botschaft „Merkel umarmt potentielle Mörder“. Er verklagte Facebook. Facebook entschuldigte sich, wurde aber im ersten Prozess dieser Art, der im bayerischen Würzburg stattfand, nicht verurteilt. Denn – und nun kommen wir zu einem entscheidenden medienrechtlichen Argument: Facebook versteht sich nicht als Medium, sondern nur als Plattform und kann deshalb für die Verbreitung von Falschmeldungen und Lügen nicht im Sinne unserer Mediengesetze zur Verantwortung gezogen werden. Das hat sich mit der neuen Gesetzeslage gegen die Verbreitung von Hass nur marginal verändert.

Das heißt, dass es mediale Systeme gibt, die überhaupt nicht nach den bewährten Spielregeln der deutschen Institutionen funktionieren. Facebook haftet nicht für den

Facebook haftet nicht für den Wahrheitsgehalt irgendeines Inhalts.

Wahrheitsgehalt irgendeines Inhalts. Facebook hat bestimmte Löschregeln, nach denen die Redaktionen, die für Löschungen zuständig sind, tätig werden: Da geht es um Rassismus und Gender und nackte Brüste und Pornografie. Wie wir seit Kurzem wissen,[2] ändert Facebook sie je nach Bedarf, fühlt sich aber gegenüber seinen Kundinnen und Kunden nicht verantwortlich, diese Löschregeln, die ja so etwas wie ethische Grundsätze beinhalten, öffentlich darzulegen und in den unterschiedlichen Öffentlichkeiten der Nationalstaaten oder Staatenverbünde zu diskutieren und einklagbar zu machen.

Signifikant ein Fall aus dem Jahr 2016, der die Spitze eines Eisbergs der Irrtümer markiert. Er nahm seinen Ausgangspunkt auf der rechtspopulistischen Internetpublikation „Breitbart“: Es wird die Festnahme einer Schlepperbande gemeldet, die angeblich Flüchtlinge per Jet-Skis nach Spanien bringt. Die Meldung wurde bebildert. Das Foto zeigt zwei Personen, die weder Schlepper noch Flüchtling sind. Auf der Aufnahme ist Fußballprofi Lukas Podolski, mit einer Schwimmweste bekleidet, auf einem Jet-Ski zu sehen. Er zeigt das Victory-Zeichen und flitzt mit einem südländisch aussehenden Mann über das Meer. Dass das Foto mit illegalen Schleppertouren rein gar nichts zu tun hat, hat die Macher von Breitbart offenbar genauso wenig gestört, wie dass Podolski als angeblich mutmaßlicher Schlepper nicht einmal am Steuer sitzt. Dennoch wurde das Foto eingesetzt und fremdenfeindlich kontextualisiert.

Die Aufnahme ist tatsächlich im Jahr 2014 entstanden und wurde im Rahmen eines Teamevents während der Fußball-Weltmeisterschaft in Brasilien gemacht. Einen Hinweis darauf sucht man auf der Seite vergeblich. Als Breitbart ertappt wird, entschuldigt sich die Plattform reflexhaft. Doch das ist Teil des subversiven Spiels: Was in den Köpfen bleibt, ist das Bild vom gutgelaunten, braungebrannten „Flüchtling", der mit Victory-Zeichen am Strand Europas anlandet. Ebenso wie die Vorstellung, die Familie Clinton könnte in einen Päderasten-Ring involviert sein: Unter dem Schlagwort „Pizzagate" wurde im Jahr 2016 eine Falschmeldung auf 4chan und Reddit und über Twitter verbreitet, die im amerikanischen Präsidentschaftswahlkampf die Behauptung streute, im Keller einer Pizzeria in Washington, D.C., agiere ein Kinderpornoring, in den auch die Präsidentschaftskandidatin Hillary Clinton verwickelt sei. Der Besitzer der Pizzeria „Comet Ping Pong" stand in Kontakt mit John Podesta, dem Wahlkampfmanager Hillary Clintons. Als Hacker Zugriff auf Mails erhielten und diese über WikiLeaks veröffentlichten, wurden gastronomisch alltägliche Wörter wie „Pizza" und „Sauce" als Code-Wörter für „Mädchen" beziehungsweise „Orgie" umgedeutet. Daraus entwickelte sich die Verschwörungstheorie, Clinton stünde im Zentrum eines Kinderpornorings, der aus dem Keller der Pizzeria heraus agiere. Auch Präsident Barack Obama und Lady Gaga seien in diese Verbrechen verwickelt.

Diese Verschwörungstheorie wurde über Twitter nicht nur von menschlichen Benutzern, sondern auch von Bots, also Vervielfältigungsrobotern sowie über

Reddit und 4chan weiterverbreitet. Nach Einschätzung des Nachrichtensenders CNN hatten Anfang Dezember 2016 bereits Millionen Menschen von dieser „verrückten Verschwörungstheorie“ erfahren. Der rechte Verschwörungstheoretiker Alex Jones war mit seiner Website „Infowars“ an der Verbreitung dieser Fake News beteiligt. Am 24. März 2017 entschuldigte sich Jones auf seiner Website bei Inhaber und Angestellten von „Comet Ping Pong“ für seine Äußerungen, die auf einem „unzutreffenden Narrativ“ beruht hätten, nachdem ein aufgebrachter amerikanischer Bürger, der dieser Nachricht Vertrauen schenkte, mit der Waffe in der Hand in die Pizzeria eindrang und schoss.

Alternative Fakten

Das Unwort des Jahres 2017 ist die Redewendung „alternative Fakten“. Dieser Begriff (englisch *alternative facts*) ist eine Formulierung von Kellyanne Conway, der Beraterin des US-Präsidenten Donald Trump. Im Januar 2017 benutzte sie diese Formulierung während eines Interviews in der amerikanischen Polit-Talksendung „Meet the Press“, um Aussagen des Pressesprechers des Weißen Hauses Sean Spicer zu rechtfertigen.

Der hatte die Menschenmenge bei der Vereidigung des neuen republikanischen Präsidenten Donald Trump als nie dagewesen bezeichnet. Der Foto-Check zeigte jedoch, dass im Vergleich mit der Vereidigung Obamas nicht einmal die Hälfte der Menschen der Inthronisation

Trumps beiwohnten. Die Behauptung, es seien viel mehr gewesen, wurde als Lüge enttarnt, von dem Pressebüro Trumps jedoch als „alternative Fakten“ bezeichnet. Später wurde behauptet, dass „alternative facts“ ein juristischer Begriff im amerikanischen Recht sei. Allerdings wurde – laut Wikipedia – ein solcher Begriff in den juristischen Datenbanken nie aufgefunden.

Die kaschierte Lüge. Die Sprache, dieses Instrument der Klärung, der Aufklärung, der Näherung an die Wahrheit; dieses Instrument der Sorgfalt, der Präzisierung, der Differenzierung und Unterscheidung, wandelt sich zum Instrument der Vertuschung von Wahrheit, der Verzerrung von Fakten. Nicht auszudenken, wie das Risiko von informationeller Kontaminierung wächst, wenn die Technologien nun auch erlauben, Videos und Audios perfekt zu fälschen, sodass man beispielsweise gefakte O-Töne und Filme verbreiten kann. Man stelle sich vor, interessierte Parteien stellen ein gefaktes Video ins Netz, auf dem Putin Europa den Krieg erklärt.

Der amerikanische Philosoph Harry Frankfurt hat bereits 1986 eine Schrift mit dem Titel „On bullshit“ herausgegeben, wo er – zugegeben etwas arrogant – deutlich macht, dass in der demokratischen Öffentlichkeit unendlich viele Menschen über Dinge reden, von denen sie nichts verstehen und deshalb das wertlose Gerede Kultur geworden ist. „On Bullshit“, das ist nicht die beabsichtigte Lüge, denn Lüge hat noch einen Link zur Wahrheit, die sie zu umgehen sucht. Nicht so der Bullshitter: Der Lügner weicht der Wahrheit aus, dem Bullshitter ist sie egal. Ernst wird es, wenn das zur

Die Theologie hat in ihrem Ensemble der mythischen Figuren dafür eine gute Besetzung.

herrschenden Mode des politischen Diskurses wird. Wir bekommen es dann mit einer öffentlichen Kommunikation zu tun, die den Link zur Wahrheit oder wenigstens der Bemühung um Wahrheit verliert.

Die aufgezählten Beispiele sind keine Fehler, wie sie in der journalistischen Arbeit immer wieder vorkommen können. Nach unserem Presserecht müssen solche Fehler in einer Gegendarstellung richtiggestellt werden. Die Schlussfolgerung allerdings muss anders lauten: Hier soll absichtsvoll Verwirrung gestiftet werden. Es soll das Vertrauen in die Informationsgesellschaft untergraben werden. Hier geht es um Propaganda oder viel besser um: strategische Desinformation. Die Theologie hat in ihrem Ensemble der mythischen Figuren dafür eine gute Besetzung.

Der Durcheinanderwerfer

Der Teufel, liebe Leserinnen und Leser, hat in allen Religionen einen Namen – in manchen mehrere: „Satan“ kennen Sie oder „Luzifer“. Der deutsche Begriff Teufel aber kommt vom griechischen Diabolos. Das heißt übersetzt wörtlich „Durcheinanderwerfer“ im Sinne von „Verwirrer, Faktenverdreher, Verleumder“ aus *διά dia* „auseinander“ und *βάλλειν bállein* „werfen“, zusammengesetzt zu *διαβάλλειν diabállein*: „Zerwürfnis stiften, verleumden“. Dieser Diabolos wird in verschiedenen Religionen als eigenständiges, übernatürliches Wesen angesehen: als

Personifizierung des Bösen. Dargestellt wird er oft als Engel mit schwarzen Flügeln oder als „Junker“ mit Pferdefuß. Dieser Engel mit den schwarzen Flügeln, dieser Bote der Verwirrung fliegt durchs Netz und durch die vom Recht weitgehend befreiten Medien und wird von interessierter Seite zur Destabilisierung unseres Vertrauens geschickt. Zur Unterwanderung der Autoritäten und Institutionen. Zur Verdunkelung der Wahrheit.

Der Breitbart-Gründer Steve Bannon sagt – vermutlich zu Recht: Die meisten Leute hätten keine Ahnung, welche Macht die neue Rechte im Netz jetzt schon entfaltet. Und die wichtigste Strategie ist die Infragestellung der traditionellen Glaubwürdigkeitsadressen der westlichen Demokratien. Die Destabilisierung aller gesellschaftlichen Institutionen der Glaubwürdigkeit, als da sind Universitäten und Wissenschaft, Justiz, gewählte Politikerinnen, die Medien, ja auch die Kirchen, ist das Ziel der rechtsnationalen Kräfte, die den Untergang der Demokratie und den Untergang der freien Gesellschaften, den sogenannten „Systemwechsel“, zum erklärten Ziel haben. Sie feiern diese zerstörerischen Aktivitäten unter dem Begriff der „Disruption“. Dazu dienen die digitalen Medien ebenso, wie sie zur Freiheit und zur geschwisterlichen Kommunikation dienen könnten.

Mehrheitsmeinung

Fake News werden zudem durch die sogenannten „Social Bots“ verbreitet. Das sind kleine Roboter, die Nachrichten liken und teilen, um dem Empfänger ein falsches Meinungsbild vorzutäuschen. Das Ziel ist es, Meinungsmehrheiten herbeizulügen. Denn die soziologische Psychologie weiß, dass der Mensch, das Herdentier, nicht gern isoliert sein möchte und geneigt ist, sich auf die Seite der Mehrheit zu stellen. Er ahnt nicht, dass es kleine Meinungsroboter sind, die ihn treiben.

Von manchen Forscherinnen und Forschern wird heute die Verbreitung von Nachrichten mit den Methoden und Instrumenten der Berechnung von Epidemien gemessen. Wir haben Informationsepidemien, die sich quasi viral verbreiten. Und wir müssen fragen: Was ist Wahrheit und worauf können wir vertrauen, woran können wir glauben? Und auf welche Wahrheit wollen und können wir uns verlassen?

Was Theologen, Juristinnen und Journalisten gemeinsam haben

Das Thema der Gemeinsamkeiten der Berufe des Pfarrers und der Journalistin beschäftigte Heribert Prantl, den ehemaligen Staatsanwalt, Ressortleiter der Innenpolitik und Mitglied der Chefredaktion der Süddeutschen Zeitung, als er im Juli 2016 die Ehrendoktorwürde der Evangelischen Theologie für seine gesammelten Artikel zu den christlichen Feiertagen entgegennahm. Das gemeinsame Ziel dieser Berufe sei es, die Wahrheit zu suchen, zu sagen und zu schreiben und zu senden und zu drucken. Juristen, Journalistinnen und Prediger sind in der Selbstzuschreibung „Zeugen der Wahrheit".[4] Hinter ihnen stehen Institutionen, in denen die Werte immer wieder neu ausgehandelt werden, auf die sich die Gesellschaft beruft. Allerdings bemühen sich alle drei Berufe in ganz unterschiedlicher Weise um ganz unterschiedliche Arten von Wahrheit.

Damit sind wir bei der Ur-Frage des Pontius Pilatus, die Theologinnen, Journalisten und Juristinnen gleichermaßen umtreibt: „Was ist Wahrheit?" Jesus will „Zeugnis für die Wahrheit" ablegen. Pilatus fragt darauf: „Was ist Wahrheit?"

Im Dialog zwischen Jesus und Pilatus treffen unterschiedliche Verständnisse von Wahrheit aufeinander. Das griechische Verständnis der „Aletheia" ist „das Unverborgene", das in die Öffentlichkeit muss und offen zutage liegt. Im Hebräischen heißt Wahrheit „Emeth" und gehört zur Gruppe der Worte, die das Begriffsfeld Vertrauen und Treue umschreiben, eng verwandt mit dem Wort für Glauben. Martin Buber[5] hat in seiner Bibelübersetzung geschrieben: „‚Emeth' bezeichnet die Zuverlässigkeit schlechthin, auch die ganz innere (…); Emethist wesentlich die Treue." Wahrheit besteht also hier weniger in der Offenlegung als in Treue, Verlässlichkeit und Vertrauenswürdigkeit; Wahrheit in der theologischen Perspektive ist ein Beziehungsbegriff. Wahrheit ist, worauf Du vertrauen und bauen kannst.

Im Dialog zwischen Jesus und Pilatus treffen unterschiedliche Verständnisse von Wahrheit aufeinander.

Damit kann der Machtpolitiker Pilatus nichts anfangen. Wahrheit ist für ihn allenfalls die Alternative von richtig und falsch.

Seine Frage „Was ist Wahrheit?" ist eher eine Haltung, die auf das politische Kalkül statt auf Treue und Vertrauen setzt: Was ist schon Wahrheit? Oder was ist politisch angesagt im Kontext der momentanen Situation?

„Zeuge der Wahrheit sein" – das sollen Theologen; das sollen Journalistinnen, das sollen Juristen. Vom Journalismus erwartet man, dass er das Verborgene aufdeckt, etwa dubiose Waffengeschäfte enthüllt, entdeckt, wo Reiche und Mächtige ihr Geld verstecken, um Steuern zu sparen. Die Wahrheit soll ans Licht. Von Juristinnen erwartet man, dass sie durch aufwendige Ermittlungsarbeit und das Sammeln von Indizien und Beweisen der Wahrheit über einen Vorgang oder ein Verbrechen oder einen Schaden so näherungsweise nahe kommen, dass sie in der Lage sind, Schuld, Vorsatz oder Versehen und Fahrlässigkeit und Unschuld zu unterscheiden. Juristen inszenieren also einen Prozess der Wahrheitssuche, an dem oftmals die Öffentlichkeit teilhaben kann, und sind am Ende zu einem Urteil verdammt. Journalistinnen dagegen decken Geheimnisse auf. Theologie aber hütet das Geheimnis des Glaubens und den Grund existenziellen Vertrauens.

Aber sowohl das Hüten des Geheimnisses, die Achtung der Transzendenz und der Verborgenheit Gottes als Aufgabe der Theologie, als auch das Aufdecken als Aufgabe des Journalismus oder das Urteilen im Namen des Volkes, all das beschreibt die jeweiligen Aufgaben als Säulen der modernen Zivilgesellschaft allenfalls zur Hälfte: In

Theologie aber hütet das Geheimnis des Glaubens und den Grund existenziellen Vertrauens.

der Theologie, im Recht und im Journalismus geht es um Konsequenzen. Dafür braucht man eine Haltung, also ein Verständnis davon, was den Menschen ausmacht, was die Gesellschaft zusammenhält, was das Soziale ist und das Rechte, das getan werden muss. Man kommt also ohne „Glauben“ nicht aus, man kommt ohne einen Begriff von Wahrheit nicht aus, man kommt ohne das Recht nicht aus. Glaube, Wahrheit und Recht sind drei unzertrennliche Geschwister in der Bibel.

„Ich bin der Weg, die Wahrheit und das Leben“, sagt Jesus und er möchte diese Grundhaltung vermitteln in der Aletheia und Emeth, wo Richtig und Falsch und Glauben und Vertrauen zusammengehören. Hier geht es um das Einsetzen von Denken, Reden und Handeln. Es geht um die Verlässlichkeit in der Beziehung, an der sich Wahrheit bewährt, und das Wort, auf das man sich verlassen kann.

Es gibt immer wieder Zeiten, in denen der Kampf um die Deutungshoheit über Fakten und Meinungen, Einschätzungen und Interpretationen mit tödlicher Härte geführt wird. Wo gelogen wird, dass sich die Balken biegen, wo Geheimnisse „durchgestochen werden“ und falsche Anschuldigungen herhalten müssen, um missliebige Personen aus dem Weg zu räumen. In solchen Zeiten erhält die Frage „Was ist Wahrheit?“ eine besondere Brisanz. Dann, wenn Gewissheiten wegbrechen und Menschen das Gefühl haben, das, woran sie ein Leben lang geglaubt haben, worauf sie ihre moralische Existenz aufgebaut haben, ist mit einem Mal nichts mehr wert, dann wackelt das Fundament des Zusammenlebens. Demokratien leben davon, dass die Bürger ihre Entscheidungen aufgrund von validen Fakten treffen und dass die Menschen den Informationen vertrauen können.

Was ist Wahrheit?

Wenn wir den Begriff der Wahrheit in den Mund nehmen, dann haben wir es mit einem tückischen Wort zu tun. Es bezeichnet nämlich ganz unterschiedliche Ebenen unseres Wahrnehmungsvermögens.

Da ist zum Beispiel die Wahrheit als Richtigkeit: also wenn ein Sachverhalt und seine Beschreibung übereinstimmen. Wenn das nicht der Fall ist, spricht man von Unrichtigkeit oder Lüge. Wir haben es derzeit in der Politik auch mit dem Kampf um diese Art von Wahrheit zu tun. Immer mehr Menschen benutzen tatsächlich dreiste Lügen, um andere zu diffamieren. Es gibt ganze politische Strategiefelder, die sich mit der Diffamierung des politischen Gegners befassen. Die Strategie dieser Durcheinanderwerfer ist, die Menschen mit so vielen Lügen zu überziehen, dass sie am Ende nicht mehr wissen, was sie glauben können und was nicht. Und dann, wenn die Menschen nicht mehr wissen, wem sie glauben können oder glauben sollen, dann sind Menschen, Völker, Gesellschaften weichgeschossen, um irgendwelchen Führern oder Einfachmachern oder Heilsbringern zu vertrauen.

Immer mehr Menschen benutzen tatsächlich dreiste Lügen, um andere zu diffamieren.

In „Alice im Wunderland“, diesem Klassiker der Weltliteratur aus dem England des 19. Jahrhunderts, steht dazu eine entlarvende Szene. Sie trifft den Nagel auf den Kopf einer Gesellschaft, die dabei ist, in die Bullshit-Ära einzutreten:[6] „Im Wunderland traf Alice, diese neugierige kleine Rationalistin, eines Tages auf die Raupe. Diese nannte ‚Schwarz' ‚Weiß', ‚ein Wenig' ‚Alles' und ‚Gestern' nannte sie ‚Morgen'. ‚Aber', protestierte Alice, ‚es kommt doch darauf an, was Worte bedeuten.' ‚Nein', meinte die Raupe, und sie nahm einen tiefen Zug aus der Wasserpfeife, ‚es kommt nicht auf die Bedeutung an, es kommt darauf an, wer die Macht hat.' Zu dieser Behauptung fiel Alice absolut keine Erwiderung ein, denn sie hatte gelernt, dass auch die Mächtigen die Bedeutung der Wörter respektieren mussten."

Wir haben es in diesen informationell entfesselten Zeiten mit einer Menge Unwahrheiten, Unrichtigkeiten, Fake News oder sogenannten „alternativen Wahrheiten" zu tun. Und wir haben es in vielen Teilen der Welt und unserer Gesellschaft mit Mächtigen zu tun, die „schwarz" „weiß" nennen und „Hass" „Patriotismus" und „gedenkendes Erinnern" „Schande". Wir haben es mit Mächtigen zu tun, die alle Werte, die Europa versucht hat zu definieren, umdeuten und alle Verträge in Frage stellen. Es ist geradezu unabdingbar, dass wir alle Mühe und Zeit, die wir haben, darauf verwenden, die Lügen und Unwahrheiten und Halbwahrheiten zu entlarven, verdrehte Worte, wie zum Beispiel das Wort „Heimat", zurückzuerobern und den glaubwürdigen Quellen zu vertrauen.

Es gibt aber auch noch eine andere, eine dritte Wahrheit: Das ist meine Wahrheit. Meine subjektive Wahrheit. Die wird in Zeiten der individualisierten und personalisierten öffentlichen Kommunikation und in Zeiten von Kommunikationsblasen immer bedeutender. Darüber kann man reden oder streiten, man wird den anderen nicht widerlegen und der andere wird mich nicht widerlegen. Das Argument verliert an Gewicht. Jeder Mensch hat eine Menge Lebenserfahrungen gemacht und wird sagen: Diese oder jene Überzeugung hat sich in meinem Leben bewährt. Wahrheit ist, was sich im Laufe eines Menschenlebens bewährt, was man seinen Kindern mitgibt als Lebensregel oder Lebensweisheit. Meine Wahrheit.

Und dann gibt es die Wahrheit in Gestalt von Echtheit und Wahrhaftigkeit, von Original statt Kopie, von originell statt nachgemacht. Ein wahrhaftiger Mensch oder wie das Bekenntnis sagt „wahrhaft Mensch", das war Jesus. Das machte seinen Zauber aus, dass er wahrhaftig war in dem Sinn, dass er die Wahrheit, die er glaubte, mit seinem Leben bezeugte. Und mit seinem Tod.

Jesus lässt den Pilatus seine Wahrheit und seine Wahrhaftigkeit sehen. Sie blitzen in dem Satz auf: Mein Reich ist nicht von dieser Welt, meine Wahrheit strahlt von Gott her. Und der römische Statthalter versteht nicht oder will Jesus nicht verstehen. Für ihn gibt es wohl nur die Dimension richtig oder falsch oder politisch ratsam oder nicht.

Es ist die christliche Wahrheit von der Gottesliebe, die sich in der Menschenwürde zeigt, auf dem die Machtverteilung in unserem Lande wie auf einem Geheimnis beruht. Die Verteilung der Urteilsmacht und der Deutungsmacht. Es ist die Überzeugung, dass es zur Würde des Menschen gehört, dass er in einen ergebnisoffenen Dialog treten kann in den Resonanzräumen der Gesellschaft und seinen Standpunkt ändern kann aufgrund von glaubwürdigen Informationen und neuen Einsichten.

Diese Weltsicht basiert auf einigen Grundentscheidungen, die in biblischen Denkmustern bereits vorgedacht sind: die Überzeugung, dass Macht nicht monopolisiert sein darf, dass man sich zivilisiert mit Argumenten um die Wahrheit streiten muss, dass dieser Streit das Ziel hat, zu konstruktiven Kompromissen zu führen, dass es Prozesse der transparenten Wahrheitsfindung geben muss und dass die Öffentlichkeit dabei immer Zeuge ist.

Das bedeutet für die Institutionen der Wahrheit, die die Freiheit garantieren, dass sie sich mit großem Ernst der Unterhöhlung ihrer Autorität entgegenstellen: die Medien, die Justiz, die Kirchen, die Politik. Eine Antwort könnte sein, dass sich die Vertreter der einzelnen Institutionen der Individualisierung des öffentlichen Diskurses entgegenstellen. Wen interessiert die Meinung eines einzelnen Politikers, wenn dahinter keine Strategie oder ein Vertrag oder ein Beschluss steht? Wen interessiert die persönliche Meinung eines Bischofs, wenn es dazu keine Gremienabstimmung gegeben hat? Ganz egal, ob ich diese Meinungen teile oder nicht, das Gewicht der Äußerungen wird von den Institutionen und ihren Repräsentantinnen selbst untergraben, wenn sich jeder Einzelne während eines Meinungsbildungsprozesses per Twitter oder Facebook äußert. Nicht umsonst sieht auch eine vielstimmige Demokratie geschützte Räume vor, in denen sich Meinungsbildungsprozesse abspielen dürfen, die dann von den gesellschaftlichen Institutionen gemeinschaftlich und nachhaltig nach außen hin vertreten werden.

Denn: Was zählt dann noch, wenn jede politische Entscheidung, wenn sie einmal getroffen ist, hinterher von einzelnen Beteiligten wieder in Frage gestellt wird?

Auch die Journalisten der Qualitätsmedien, insbesondere der öffentlich-rechtlichen, erleben gerade, wie es sich anfühlt, wenn man sie als „Lügenpresse“ anfeindet und verbal und tätlich angreift.

Besonders bitter ist der Vertrauensverlust, wenn eine gefakte Nachricht und oder ein Bericht in solchen Glaubwürdigkeitsadressen erscheinen.

Der Schaden ist kaum zu beziffern, der Vertrauensverlust unermesslich. Der kürzlich vom Nachrichtenmagazin DER SPIEGEL selbst veröffentlichte Fall eines hochdekorierten Reporters, der Reportagen teilweise oder ganz erfand, schadet dem ganzen Gewerbe des professionellen und seriösen investigativen Journalismus. Dieser Fall zeigt einmal mehr, dass Medienethik als Studien- und Forschungsfach in Deutschland ein dringendes Desiderat ist und dass moralische und ethische Standards in der Journalistenausbildung es wert sind, immer wieder hochgehalten zu werden. Es zahlt sich auch langfristig für die Redaktionen aus, sich im Zweifel gegen die Geschwindigkeit und für die Genauigkeit zu entscheiden.

Auch die Kirchen werden kritisch auf ihre Glaubwürdigkeit hin befragt. Sie sehen sich in der Generalkritik bestimmter Milieus (siehe Wahlprogramm AfD Bayern). Das weist ihnen eine äußerst wichtige gesellschaftliche

Aufgabe zu. Sie haben in dieser Zeit die Aufgabe der öffentlichen Seelsorge und der Vertrauensarbeit. Sie könnten beruhigen in diesem Klima der allgemeinen Gereiztheit. Nicht beruhigen im Sinne von Einschläfern, also „Morphium fürs Volk", sondern im Sinne von Ernüchterung inmitten der dauernden Erregtheit. Sie haben die Aufgabe, Vertrauen in unsere öffentlichen Beziehungen wiederherzustellen oder zu stärken. Sie haben die Aufgabe, der Zukunfts- und Abstiegsangst entgegenzutreten. Sie haben die Aufgabe, einen starken und fröhlichen Glauben und das Vertrauen in die Gewissheit von Werten zu vertreten.

Ich denke, man muss zum Wohle und zur Wahrhaftigkeit unserer öffentlichen Kommunikation eine doppelte Strategie fahren: Transparenz, größtmögliche als Institution, Disziplin, größtmögliche als öffentliches Individuum. Finger weg von Twitter, wenn ein politischer Prozess noch im internen Diskurs ist und seine Zeit zum Reifen braucht.

Von dem ehemaligen Intendanten des ZDF Dieter Stolte habe ich einmal den Satz gelernt: Eine gut recherchierte, sorgfältig eingeordnete, mit Hintergrund versehene und klug kommentierte Information ist für eine Gesellschaft genauso wichtig wie sauberes Wasser. Das ist dann wieder die Basis für Vertrauen und Glauben in den anderen, in die Gemeinschaft, in die Gesetze, in die Informationen.

Denn das stimmt: Eine kontaminierte Kommunikationsgesellschaft verdunkelt die Wahrheit, setzt damit die Freiheit aufs Spiel und öffnet dem Bullshit Tür und Tor.

Es wird eine Frage der einzuübenden Lebenskunst sein, sich Adressen der Glaubwürdigkeit in der Weite des Netzes zu suchen, die von professioneller Recherche unterlegt sind und die sich Zeit nehmen, statt ungesicherte Informationen in die Welt zu setzen. Es wird über die Jahre eine Lebenskunst sein, sich den Web-Seiten anzuvertrauen, deren Wissen gesichert ist oder deren Absichten lauter sind. Das ist auch eine Chance für Kirchen und deren Öffentlichkeitsarbeit und Publizistik.

Literatur

1 Marschall, Stefan. „Lügen: Schwören für alle". *ZEIT ONLINE*, 29. Juli 2016, https://www.zeit.de/2016/32/luegen-politik-demokratie-schaden.

2 Krause, Till, und Hannes Grassegger. „Inside Facebook". *sueddeutsche.de*, 2016. *Sueddeutsche.de*, https://www.sueddeutsche.de/digital/exklusive-sz-magazin-recherche-inside-facebook-1.3297138.

3 Frankfurt, Harry G. *On bullshit*. Princeton University Press, 2005.

4 Prantl, Heribert. „Zeugen der Wahrheit". *Publik-Forum.de*, 22. Juli 2016, https://www.publik-forum.de/Religion-Kirchen/zeugen-der-wahrheit.

5 Buber, Martin. *Zu einer neuen Verdeutschung der Schrift. Beilage zum ersten Band. Die fünf Bücher der Weisung. Verdeutscht von Martin Buber gemeinsam mit Franz Rosenzweig*, Verlag Lambert Schneider, 1976.

6 Seeßlen, Georg. „Sprachattacke der Rechtspopulisten: Trompeten des Trumpismus". *Spiegel Online*, 11. Februar 2017. *Spiegel Online*, http://www.spiegel.de/kultur/gesellschaft/donald-trump-sprachattacke-der-rechtspopulisten-trompeten-des-trumpismus-a-1133299.html.

5. Kapitel

Liebe

> We make you fall in love without the fall.
>
> *Werbung für Tinder*

Samstagabend. Eine Bar in London. Es sind viele Gäste da. Schöne Frauen, attraktive Männer um die dreißig. Die meisten sitzen allein, haben einen Drink und ein Smartphone vor sich. Sie wischen mit leichter Geste über die Bilder, die dort aufscheinen. Wird der Bildschirm von rechts nach links geschoben, heißt das: Gefällt mir. Die andere Richtung heißt: Aussortiert. Die Gäste sind samt und sonders auf der Suche nach einer Begleitung für den Abend, Sex und Frühstück am nächsten Tag inbegriffen. Sie sind auf der Plattform „Tinder", die der Nutzerzielgruppe zwischen 18 und 35 mögliche Partner in der Nähe vermittelt. Im Angebot sind Personen, die der Algorithmus „matcht", das bedeutet für die Einstellungen am Smartphone, der Kunde, die Kundin, muss ortbar sein. Von der Ortung ausgehend, sucht das Programm Männer und Frauen in der Nähe, die Lust auf ein „Date" haben. Seit Neuestem muss man als Kunde dieser Dating-App auch Interessen und Vorlieben, sowie politische und religiöse Einstellungen verraten. Das erhöht angeblich die Trefferquote bei den Angeboten, das das Programm seinen Nutzern macht.

In der Bar ruft ein Mann am Tresen plötzlich in den Raum: „Könnten wir uns nicht auch ganz einfach hier kennenlernen?" Die allein sitzenden Gäste heben verwundert den Kopf und wischen weiter. Ab und zu verlässt einer den Raum und geht in die Nacht. Er hat eine „Sie" gefunden oder umgekehrt. Oder er hat einen „Er" gefunden oder sie eine „Sie". Die Partnerschaftsbörse ist 2012 auf den Markt gekommen und half vor allem homosexuellen Menschen auf Partnersuche. Sie verkürzt die Wege zueinander und insbesondere bei der oft demütigenden Suche von homosexuellen Menschen nach einem schnellen Sexualpartner entlastet sie die Kontaktaufnahme.

„Tinder" heißt zu Deutsch „Zunder", das ist ein altes Wort und bezeichnet das leicht brennbare Material, das man zum Anzünden von Feuer benötigte. Das Grimmsche Wörterbuch[1] weiß das noch genauer: Zunder oder Zundel sei eine „lockere, pulverige masse aus pflanzlichen stoffen, welche durch den am stein geschlagenen funken zum glimmen gebracht wird. Seit alter zeit wird dieser zunder aus gewissen baumschwämmen … durch kochen in lauge, dann auch aus verkohlter leinwand hergestellt noch älter aber, und bis heute bei einfachen völkern üblich, ist dafür die verwendung von mulmigem holze."

Tinder möchte der Funke sein, der das Feuer zwischen potentiellen Paaren zum Lodern bringt.

Die Bedeutung ist klar: Tinder möchte der Funke sein, der das Feuer zwischen potentiellen Paaren zum Lodern bringt. Aber in dem Wort „Tinder" steckt auch die Assoziation von „mulmigem Holz", einem Stoff also, der für den sofortigen Zerfall bestimmt ist. Das Lodern des Feuers zwischen Menschen ist also als Strohfeuer gedacht. Das ist das Geschäftsmodell. Immer wieder: schnelle Entzündung, schnelles Erhitzen, Aufflackern und Zusammenfallen. Jeder, der schon einmal Feuer gemacht hat, weiß, dass ein solches Feuer weder Räume noch Menschen wärmt. Nicht einmal über eine Nacht.

Das Schaufenster von Tinder ist eine Art Menschenmarkt, auf den sich die Nutzer freiwillig begeben. Die meisten suchen keinen Partner für länger, sondern sie prostituieren sich im genauen Sinn des Wortes. Prostituieren heißt übersetzt, sich selbst darstellen, sich selbst ausstellen. „Prostituieren", das heißt, sie stellen sich auf dieser Datenbank zur Schau, begeben sich in eine Art gegenseitiges Casting, freiwillig und ohne Bezahlung. Der Tausch von Geld gegen Körper unterscheidet die gewerbliche Prostitution von dieser Art Menschenmarkt. Die Bezahlung erhält bei dieser Art von Partnerwahl die Plattform, die je nach Alter, Tinderstatus und Verdienstklasse Gebühren erhebt.

Das Schaufenster von Tinder ist eine Art Menschenmarkt, auf den sich die Nutzer freiwillig begeben.

Wer an diesem Abend in London seinem Tinderpartner begegnet und feststellt, dass er oder sie sympathisch ist und das Aussehen nicht allzu sehr von der Fotovorlage abweicht, der geht in die nächste Bar und versucht den Austausch von Worten, bevor es zum Austausch von Körperflüssigkeiten kommt.

„Tinder“ ist – nicht immer, aber oft – eine Plattform für einvernehmlichen schnellen Sex. Das konstatieren auch die Nutzerinnen und Nutzer völlig unumwunden. In Deutschland gibt es – nach eigenen Angaben der Plattform – zwei Millionen Nutzer. Die Plattform gehört inzwischen Facebook, sodass Tinder nur nutzen kann, wer einen Facebook-Account hat. Die Geschäftsidee ist der Marktwert nach körperlicher Attraktivität. Da geht es nicht um die Sehnsucht nach tiefen Gefühlen oder längerfristigen Bindungen, und trotzdem um ein unerfüllbares Versprechen: „Tinder – Any swipe can change your life.“ Jeder Wischer kann Dein Leben ändern, aber wohin? Und wie verirrt muss jemand sein, um auf dieses Versprechen anzusprechen? Das Leben muss offenbar anders werden, und zwar um jeden Preis. Auch um den Preis der Liebe?

Die Geschäftsidee ist der Marktwert nach körperlicher Attraktivität.

Der junge Mann Anfang dreißig hat jedenfalls schon Hunderte solcher Dates absolviert, wenn er sich zweimal mit derselben Frau trifft, wird er schon unruhig. Es muss doch noch etwas Besseres geben, eine schönere, intelligentere, witzigere, sportlichere, gewandtere, einfach eine andere und bessere Person.

Es sind diese unendlichen Wahlmöglichkeiten, die irgendwann einmal süchtig machen, die Niedrigschwelligkeit, mit der man in kürzester Zeit alle Hindernisse des Kennenlernens überspringt. Kein Blickkontakt, keine Aufforderung zum Tanz, keine Anmache, kein spendiertes Bier, kein inspirierendes Gespräch, sondern ein schnelles Date, jeder zahlt für sich und dann beginnen die Körper ihr Spiel und es ist schon ein Versprechen, wenn man gemeinsam aufwacht.

Diese Art Marktplatz des schwerelosen Sex ist einer Gesellschaft geschuldet, die die Wurzeln verloren hat. Mobilität ist das Zauberwort einer modernen Biografie. Wer Koch werden will, sollte auf einem Schiff oder im Ausland in einem Hotel gearbeitet haben, auch ein Friseur reüssiert besser, wenn er in Italien oder Frankreich Erfahrungen gesammelt hat, eine Studentin sollte ein paar Semester in England oder Spanien verbracht haben und zu Beginn ihrer Berufskarriere mit zwei oder drei Sprachen aufwarten können. Das heißt Auslandsjahre und schier bedingungslose Mobilität, Kontakte werden im Netz geschlossen und gehalten. Der Anspruch einer kapitalistischen Gesellschaft auf ihr „Humankapital" erfordert absolute Flexibilität und die Bereitschaft, immer und überall einsetzbar und leistungsbereit zu sein. Das färbt auf die Kultur ab, auf die Biografien und auf die Beziehungen zwischen den Menschen und Geschlechtern.

So wie die Arbeitsverhältnisse der jungen Generationen volatil sind, so volatil sind ihre Beziehungen. Arbeitsverträge sind befristet, bisweilen auf Monate. Arbeitsplätze und Einsatzorte wechseln über die Kontinente und überall und immer wieder muss einer oder eine neu anfangen.

„Tinder" ist ein Gesellschaftsspiel im wahrsten Sinn des Wortes. Die intime Antwort auf eine Gesellschaft, die nur kurzfristige Versprechen auf Zeit abgibt. Das Modewort „Nachhaltigkeit" ist für die Fensterreden der

Politiker bestimmt, nicht für die jungen Menschen, die nach ihrer Zukunft fragen. Diese unterliegen einem massiven Anpassungsdruck. Nicht nur, was ihre Kompetenzen und Fähigkeiten betrifft, sondern auch den Haarschnitt, das Gewicht, die Kleidung, die Definition der Muskeln, das Outfit und die Sprache. Alles ist schmal, windschnittig und flüchtig. Auch die Menschen. Sie werden verwechselbar und austauschbar.

Wisch und weg

Freundschaften werden vertagt, Liebesbeziehungen auf Fernmodus geschaltet. Nicht selten verdorrt die Liebe darüber und die Beziehung zerbricht. Die vereinsamten jungen Menschen, die in Städten wohnen, in denen sie nicht zuhause sind, suchen über Apps wie „Tinder“ oder „Badoo“, „Twoo“ oder „Friends24“ Partner, mit denen sie den Abend verbringen können oder das leere Wochenende oder die wenigen Stunden, die sie nicht arbeiten müssen.

Es kann als unzweifelhaft gelten, dass diese Programme hocherfolgreich sind. Die einen, für die etwas ältere Generation, arbeiten mit Algorithmen, die auf psychologischen Erkenntnissen basieren, wie parship.de. Andere wieder dienen nur als eine Art Menschenmarkt, wo man sich den optisch angenehmen oder attraktiven Menschen aussucht und „datet“. In regelmäßigen Abständen veröffentlichen diese Plattformen dann ihre Erfolgsmeldungen. Wie viele User sich auf der Plattform bewegen, wie viele

Paare man schon zusammengebracht hat. Die Studien sind widersprüchlich, je nach Interesse und Fragestellungen ermitteln sie eine Verbesserung der Beziehungen oder den Absturz männlichen Selbstbewusstseins.[2]

Offen bleibt, was Beziehung dabei heißt. Was heißt „zusammengebracht"? Ein Date? Sex? Eine Woche, in der man etwas gemeinsam unternimmt? Oder einen Monat?

Offen bleibt, was es heute überhaupt bedeutet, ein Paar zu sein, für wie lange das gilt und für welche Aggregatszustände der Bindung. Ja, und was Bindung bedeutet. Der Schwebezustand und die Mobilität, das kurze Verweilen, während man sich nach etwas Besserem umsieht, werden zur Normalität. Das Risiko des Scheiterns wird umschifft. Schlicht ausgelassen.

„We make you fall in love without the fall." Wir schaffen es, dass Du Dich verliebst, ohne – ja wie kann man das übersetzen? Ohne abzustürzen, ohne Dich zu verletzen, ohne etwas zu riskieren, ohne Dich fallen zu lassen, ohne Dich anzuvertrauen, ohne abhängig zu werden, ohne Schmerz aushalten zu müssen, ohne Tiefe, ohne Reife, ohne Abgrund. Unverbindlich. Schwerelos. Eine Art „Als-ob-Liebe" ist das. Liebe ohne Liebe. Das ist wie alkoholfreier Whiskey, wie Gletscherklettern mit der Cyberbrille, das ist wie veganes Schnitzel oder kalorienfreier Schweinebraten. Nur viel trauriger.

„Agonie des Eros" hat Byung-Chul Han, der ursprünglich aus Südkorea stammende deutsche Autor und Lehrer für Philosophie seinen kleinen Essay über die Unmöglichkeit der Liebe in modernen Zeiten genannt.[3] Er attestiert dieser Zeit und dieser Gesellschaft eine tiefe Melancholie, die sich keine emotionalen Ausschläge mehr leistet und aus Angst vor dem Abgrund keine Höhen mehr erklimmt. „So ist das Buch eine schonungslose Darlegung der Minimalbedingungen der wahren Liebe. Sie erfordert Mut, sein Selbst zu vernichten, um den anderen zu entdecken“, schreibt Alain Badiou, der französische Philosoph im Vorwort. Und Byung-Chul Han erweitert seine Analyse des Todeskampfs des Eros mit den Konsequenzen, die das Schwinden des Erotischen für das Denken hat. Diese Datenflut, das dauernde Zählen und Messen, dieses Übermaß an Positivität, die sich in Lärm äußert, und die Selbstaufgabe, die Negativität überspringt, der sich letztlich Lebendigkeit, Vitalität und Austausch verdankt, sie vernichtet geistigen Fortschritt. Und das ist ein ganzheitlicher Vorgang.

Liebe ohne Risiko, ist das die Entkernung des Menschen oder andererseits vielleicht doch das Ziel aller Wünsche, das die altgriechische Philosophenschule der Epikuräer als „Galene“ oder „Ataraxia“ bezeichnete? Galene bezeichnet das Meer in einem Zustand der Unbewegtheit. Meeresstille. Für diese hellenistische Philosophie ist das Glück, die Eudaimonia, die emotionale Unerschütterlichkeit. Das Lebensziel, sich unabhängig zu machen von allen positiven oder negativen Empfindungen. Emotionen, Meinungen und Wertungen sollen überwunden werden, um in diesen Zustand des Glücks zu kommen.

Diese ausbalancierte Seelenruhe, der alles gleich gültig und daher alles gleichgültig ist, scheint das Maß, mit dem man sich auf diesen Plattformen misst. Das Wegwischen als Zeichen einer Kultur, die das unrührbare und unberührte Vorübergehen zu ihrem Merkmal macht.

> Diese ausbalancierte Seelenruhe, der alles gleich gültig und daher alles gleichgültig ist, scheint das Maß, mit dem man sich auf diesen Plattformen misst.

Liebe wird da zum Fremdwort oder der Begriff füllt sich mit der stets unbefriedigten Sehnsucht nach der Liebe und Akzeptanz seiner Selbst. Denn wer sich mit Körper und Seele dauerhaft auf den Markt begibt und damit permanent den eigenen Marktwert austestet, wird durch die digitalen Logiken des Wettbewerbs, also der Kompetitive, in einem fort von anderen gespiegelt, „geliked" oder „gedisst". Der User dreht sich ständig um die eigene Wirkung. Er oder sie versucht sich zu „optimieren", das heißt in der Außenwirkung zu verbessern, um eine höhere Anerkennungsquote zu erreichen. Er verfällt seinem eigenen Spiegelbild wie der jugendliche griechische Gott Narziss, nur mit dem Unterschied, dass man nicht in den Spiegel blickt, sondern der Spiegel blickt mit tausend Augen zurück und bewertet das Aussehen, die Bewegung. Es wird immer einen geben, der zurückmeldet: Es reicht nicht. Du musst Dich noch mehr bemühen.

Diese Partnerschaftsplattformen haben genau dieses Interesse. Sie versuchen ihrerseits die User dringend bei Laune und auf der Plattform zu halten, denn die Zeit, die einer oder eine auf der Suche nach einem Date verbringt, garantiert die Werbeeinkünfte. So begibt sich der User mit dem Beitritt zu diesem „Zunder" in einen narzisstischen Kreislauf auf der steten Suche nach Anerkennung und mehr Anerkennung oder Anerkennung von immer anderen Menschen.

Menschen, die auf „Tinder" sind, fühlen sich grundsätzlich unattraktiver und insgesamt unzufriedener als andere, sagt eine aktuelle Studie[4] und versucht damit den Nachweis zu führen, den schon Untersuchungen über die Zuschauerinnen von Castingshows erwiesen haben.[5] Der permanente Wettbewerb um Attraktion lässt das Selbstbewusstsein der Marktteilnehmerinnen schrumpfen. Das permanente Vermessen- und Gemessenwerden macht aus den Usern Wesen, die sich nach Früchten strecken, die immer höher hängen und immer zu hoch. Die Aufmerksamkeit, um die die Plattform für ihre Werbeeinnahmen buhlt, gilt nur peripher dem anderen, sie gilt primär sich selbst.

Es kann nicht darum gehen, Menschen, die sich auf diesen Plattformen bewegen, zu entmutigen oder gar zu verurteilen, aber es muss darum gehen zu fragen, was diese Erfahrungen der digitalen Kontaktbörse für deren Lebensentwurf und Lebensgefühl bedeuten können. Wir kennen in der Medienwirkungsforschung ungezählte Entwürfe und Theorien. Am meisten leuchtet mir in diesem Zusammenhang die sogenannte „Inhabitations"-These ein. Sie geht davon aus, dass im Gebrauch der Medien und deren Funktion und Inhalt eine Art Gewöhnung eintritt, die dann auf das Verhalten abfärbt. Zum Beispiel schleift die Gewöhnung an mediale Gewalt den Schrecken des Individuums vor der Gewalt ab. Umgekehrt müssen die Filme oder Krimis, deren Narration auf Gewalt beruht, die Arten der Gewalt immer mehr steigern, um die gleiche Spannungswirkung zu erzielen. Eine ähnliche Inhabitation im Umgang mit der Liebe vermute ich durch diese neuen digitalen Kontaktmärkte.

Was für ein Umgang mit der Liebe!

Kann das Überraschende der Liebe, dieser Blitzschlag, noch geschehen, wenn zuvor suggeriert wird, der User habe alles im Griff, die Userin „macht" sich attraktiv und „beherrscht" die Partnerwahl? Das Gelingen der Liebe sei machbar, wird hier suggeriert.

Was für ein Umgang mit der Liebe! Vermutlich würden die User selbst das, was sie da am Vorabend eines Wochenendes tun und suchen, nicht Liebe nennen.

In der christlichen Tradition verbindet sich mit dem Begriff der Liebe immer das Unverfügbare, das überwältigende Geschenk, das niemals Machbare, die ewige Gabe. Diese Unverfügbarkeit ist bereits im Gottesnamen festgehalten, wenn das Erste Testament Gott als den benennt, der einfach da ist und einfach geschieht, wann und wo er das will. Das Neue Testament erkennt Gott dann in einem liebenden Menschen, also in der Gestalt des Christus, und formuliert im Sinne einer Definition: „Gott ist Liebe."

Diese Gottesliebe umfasst alle Spielarten der Liebe, die erotische, die freundschaftliche, die helfende. Jede liebende Hinwendung zum anderen wird dem Liebeskosmos Gottes zugerechnet.

Der biblische Autor, der sich Johannes nennt, beschreibt einen Raum, einen eigenen sich dehnenden

Gotteskosmos, wenn er formuliert: „Gott ist Liebe und wer in der Liebe bleibt, der bleibt in Gott und Gott in ihm." (1. Joh 4,16) Das Wesen der Liebe, der Raum der liebenden Zuwendung, wird hier Gott genannt und die Menschen erfüllen ihr Leben, wenn sie sich in diesem Raum bewegen. Sie öffnen sich und liefern sich aus, sie riskieren sich und verschenken sich. Und mit allem haben sie Recht in diesem Gotteskosmos. Die Liebe aus christlicher Sicht durchkreuzt alle planbaren Ansprüche, durchkreuzt die Logik des Wettbewerbs zwischen Menschen, durchkreuzt die Philosophie des Marktes und die kurzen planbaren Wege.

Laut Augustinus fliegen die Engel in Spiralen, nur der Teufel – ergänzt die katholische Heilige Hildegard von Bingen in ihrem Werk „Liber divinorum operum" nach einer ihrer Visionen – fliegt immer geradeaus.[6] Gemeint ist damit die Kritik an allen pragmatischen Verfahren der Abkürzung von Lebenswegen. Dies gilt insbesondere für die Wege der Liebe.

Die Wege der Liebe müssen selbst gegangen werden mit allen Umwegen, Fallstricken und Risiken. Liebe umfasst dabei die ganze Person in ihren leiblichen, geistigen und seelischen Dimensionen. Sie ist nicht abspaltbar oder teilbar. To fall in love, wie das Englische so wunderbar formuliert, heißt also tatsächlich zu fallen, vielleicht auch reinzufallen, abzustürzen. Zu fallen auch im Sinne des Sündenfalls neuer und ganzheitlicher Erkenntnis des anderen, der im Eng-

Die Wege der Liebe müssen selbst gegangen werden mit allen Umwegen, Fallstricken und Risiken.

lischen ebenfalls „the fall“ heißt, das Hinauswachsen über sich selbst.

Die Liebe im christlichen Sinn meint demnach eine Entäußerung für den anderen. Nicht das eigene „Ich“, dessen Präsentation und Auftritt, steht hier im Mittelpunkt, sondern das „Du“, das die Welt verändert, wenn man sich ihm ganz zuwendet. Ich werde ganz, indem ich mich verschenke, ich komme zu mir, indem ich mich entäußere. Im christlichen Kreuz zeigt sich diese radikale Entäußerung bis zum Tod, bis in die radikale Selbstverneinung und darüber hinaus.

Von hier betrachtet reduzieren sich dann diese Zunderplattformen auf die Suche nach Sex, der von allen Ansprüchen der Liebe vollständig getrennt ist. Der Sex ist ein Geschäft auf Gegenseitigkeit, von Empfindung unbelastet – außer vielleicht einer kurzen Sympathie und einer flüchtigen Attraktion. Auch hier formuliert die christliche Bibel streng ganzheitlich, wenn sie vom Zeugungsakt als dem „Erkennen“ schreibt. Sex ist mit Erkenntnis verbunden, der Wahrnehmung des anderen, nicht nur mit Kenntnis. Erotik ist ein Zustand des Lebens und Denkens, der die Welt erneuert. Adam erkannte sein Weib und sie gebar Abel. Der Akt des Zeugens ist zugleich ein Akt des Erkennens. Es wohnt ihm etwas Heiliges inne, die Kraft, neu zu werden, das eigene Leben zu verändern.

Auch wenn niemand in die Zeiten zurück will, in denen Sexualität immer den Preis der Schwangerschaft hatte oder den der lebenslangen Zwangsbeziehung, so ist es erschreckend, wenn Liebe nicht mehr als Geschenk des Himmels verstanden werden kann. Man sehnt sich nach Zeiten, in denen der andere Mensch ein Geheimnis war und nicht nihilistisch ein Geschäftspartner auf einer Plattform, die sich dem Konsum von Menschen verschreibt und den anderen zum Objekt degradiert, das man ganz einfach wegwischen kann, vom Bildschirm und aus dem Leben.

Literatur

1 „Deutsches Wörterbuch von Jacob Grimm und Wilhelm Grimm". *Wörterbuchnetz*, http://woerterbuchnetz.de/cgi-bin/WBNetz/wbgui_py?sigle= DWB&mode=Vernetzung&lemid=GZ10262#XGZ10262. Zugegriffen 27. September 2018.

2 University of North Texas. *Men have highest risk for low self-esteem while using Tinder*. 5. August 2018, https://news.unt.edu/news-releases/men-have-highest-risk-low-self-esteem-while-using-tinder-unt-study-finds.

3 Han, Byung-Chul. *Agonie des Eros*. 3. Aufl, Matthes & Seitz, 2013.

4 University of North Texas. *Men have highest risk for low self-esteem while using Tinder*. 5. August 2018, https://news.unt.edu/news-releases/men-have-highest-risk-low-self-esteem-while-using-tinder-unt-study-finds.

5 Götz, Maya, und Caroline Mendel. „„So you lose weight and end up ill"'. Germany's Next Topmodel and its role in eating disorders". *Televizion*, Bd. 29, Nr. 2016/E, S. 62–67.
Habermas, Jürgen. „Keine Demokratie kann sich das leisten". *sueddeutsche.de*, 2010.

6 Butzer, Günter, und Joachim Jacob, Herausgeber. *Metzler Lexikon literarischer Symbole*. 2., erweiterte Auflage, Verlag J.B. Metzler, 2012.

6. Kapitel

Anerkennung und die Wohlfühlblasen

Ich habe Dich je und je geliebt, deshalb habe ich Dich zu mir gezogen aus lauter Güte.

Jeremia

Ein Jahr lang war ich auf Facebook, weil ich gerne wissen wollte, was die Leute daran so fasziniert, zu einem sozialen Netzwerk zu gehören. Eine Autorin der „Neuen Zürcher Zeitung am Sonntag" veröffentlichte im Frühjahr 2018 eine Entzugsreportage. Sie konstatierte, dass sie täglich bis zu drei Stunden auf Facebook verbringt und nun versucht, den Suchtfaktor abzustellen unter dem Motto: „Wie werde ich los, was ich nicht brauche?" Sie beschreibt, wie schwer das ist, diese kleinen voyeuristischen Ausflüge in das Leben der anderen zu unterlassen oder auf die Freunde zu verzichten, die man noch nie gesehen hat, die man aber gesammelt hat, wie „Armbändchen aus dem Urlaub". Besonders vermisst sie die Facebook-Gruppe in der Nachbarschaft, die sich gegenseitig überflüssige Möbelstücke oder Küchengeräte verkauft. Am Ende fragt sie sich, wie viele wirkliche Freunde sie eigentlich noch hat und was sie mit den 672 eingesparten Stunden anfangen soll, die sie nicht am

Laptop sitzt oder aufs Mobiltelefon schaut. 672 Stunden, das sind 28 Tage. Das ist ein Monat Lebenszeit im Jahr – verdaddelt auf Facebook![1]

Ich muss gestehen, nachdem ich am Anfang gar nicht verstanden habe, was Facebook-User so fesselt, stelle ich fest, die Zeit, die ich auf dieser Plattform verbringe, dehnt sich aus in meinem Tag. Und je mehr ich Zeit verbringe auf dieser Plattform, desto mehr Werbung mischt sich unter die Nachrichten der „Freunde“: Werbung für Parteien (die AfD ist nicht darunter, Facebook rechnet mich unter die potentiellen Wähler von SPD und Grünen, aber ganz sicher ist sich der Algorithmus nicht, also schickt er mir auch Wahlwerbung der Freien Wähler in Bayern vorbei), Werbung für Möbel, Regale, Lampen. Jeden Tag ein bisschen mehr.

Ich gehöre nicht zu denen, die Facebook füttern mit Fotos und Artikeln, mit Kommentaren und Aufrufen, mit Geburtstagsgrüßen und Veranstaltungsankündigungen. Ich schaue nur, wie in einem Schaufenster, was die Menschen, die Facebook meine Freunde nennt, den ganzen Tag machen. Und ich wundere mich. Denn die allermeisten, die mich als Freundin anfragen oder die mir von Facebook vorgeschlagen werden, kenne ich nicht.

Nun habe ich einen bewegten Werdegang in meinen beruflichen Bezügen, da ist die Kirche, die in Bayern und die in Deutschland, da ist meine Zeit als Redakteurin in Fernsehen, Hörfunk und Zeitung und meine Zeit an der Universität auf unterschiedlichen Ebenen. Und aus allen Bezügen kenne ich Menschen, ja, habe ich Verbindungen zu Menschen, die ich Freunde nennen würde.

Eigentlich hänge ich der Erkenntnis an, dass ein Mensch im Leben höchstens fünf, besser drei gute Freunde hat. Meine werden im Alter eher weniger. Die Menschen aber, die ich kennen sollte – wenn es nach Facebook geht –, sind Pastoren und Pfarrerinnen, Synodale und engagierte Christinnen. Ein paar Universitätskollegen sind darunter, meine jungen „Freunde" sind die Freunde meiner Tochter. Eines allerdings ist ihnen allen gemeinsam: Sie sind engagiert. Und manche sind richtig fromm. Viele verstehen Facebook als Plattform der politischen und christlichen Aktivistinnen und Aktivisten. Natürlich sind meine Freunde entsetzt über die Flüchtlingspolitik der Regierung, über die Wortwahl der CSU gegenüber Geflüchteten, über die Kriminalisierung privater Seenotrettung. Sie posten und teilen Sendungen, sie voten und verschicken Plakate und Appelle.

Eigentlich hänge ich der Erkenntnis an, dass ein Mensch im Leben höchstens fünf, besser drei gute Freunde hat.

Ich kann verstehen, warum so mancher Forscher von „Filterblasen"[2] spricht. Denn in meiner Blase sind sich alle einig. Obwohl ich die Menschen, mit denen ich durch Facebook bekannt gemacht und verbunden werde, kaum kenne. Wir sind irgendwie ein Milieu, eine Gedanken-, Einstellungs- und Meinungsfamilie. Da ist der Kommilitone aus meiner Studienzeit vor 40 Jahren, der mir seine Wohnung als Nachmieterin überlassen hat. Seither hatte ich keinen Kontakt. Er engagiert sich in der Flüchtlingsarbeit. Jetzt gratuliert er mir zum Geburtstag. Da ist der Kollege, der mit mir Examen gemacht hat. Wir wurden gemeinsam mündlich geprüft: Ich war Anfangsbuchstabe R, er war S. Auch er gratuliert mir. Ich habe nie mehr etwas von ihm gehört, jetzt schaue ich neugierig zu, wie er seinen Ruhestand auf einem Boot im Mittelmeer verbringt. Er postet Selfies, auf denen er einen weißen Bart hat und Fotos von griechischem Essen und wunderbare Blicke auf die Adria und ihre Inseln. Ich kann eigentlich nicht sagen, dass mich das interessiert, aber ich schaue jeden Tag, wie es ihm geht.

Du bist gemocht und geliebt. Du bist anerkannt.

„Danke für die Geburtstagswünsche, sie sind wie ein warmer Regen“, postet eine „Freundin“. Und das meint dann wohl diesen Dopaminschub, den ein Mensch bekommt, wenn andere ihm sagen: „Ich mag Dich.“ Dieses Enzym, auf dem Facebook sein Geschäftsmodell baut, das Gefühl von „warmem Regen“ und das Empfinden: Du bist gemocht und geliebt. Du bist anerkannt.

Mit diesem Angriff auf unsere Sucht nach Anerkennung hat uns Facebook – um das wichtigste soziale Netzwerk zu nennen – an einem wehrlosen Punkt in unserer Seele erwischt. Es ist unsere Sehnsucht nach dem „Ja“ in meinem Leben und zu meinem Leben, wie das in der Kirche bei der Taufe oder bei der Hochzeit ausgesprochen wird: ein „Ja“ unter Zeugen. Alle schauen zu.

Nur ist dieses „Ja“ auf der Plattform leichter, spielerischer, folgenloser, aber mit erheblichem Suchtpotential. Facebook mit seiner Struktur packt die Menschen an ihren schwächsten Punkten: der Suche nach Bestätigung, der Neugier auf das Leben der anderen und der Freude, sich selbst zu produzieren.

Nun ist das Dopamin nicht die einzige Grundlage des Geschäftsmodells von Facebook. Die andere ist eben die Aufmerksamkeit. Die Posts, die am meisten Aufmerksamkeit generieren, ziehen die meiste Werbung und erhalten massenmediale Bedeutung. In der sogenannten „Nachrichtenwert-Theorie" lernen wir, dass Negativität zu den Selektionsmerkmalen der menschlichen Wahrnehmung gehört. Tief in unserem limbischen System sitzt ein Wächter, der uns vor Gefahren warnt. Und dieser Gehirnwächter lässt uns auf alles aufmerksam werden, was uns Angst machen könnte – und gibt dann Alarm. Deshalb sind wir Menschen leider so gestrickt, dass wir den negativen Botschaften, den Katastrophenmeldungen oder den Nachrichten von Krise und Niedergang mehr Aufmerksamkeit schenken als den frohen Botschaften.

Angstmachende Meldungen über „Überfremdung" und „muslimische Invasoren", alles, was das Revier des inneren Hütehundes gefährden könnte, hat unsere ungeteilte und reflexhafte Aufmerksamkeit. Auch was unseren Lebensentwurf, unseren Lebensstil und die traditionellen Ordnungen, in denen dieser stattfand, betrifft, steckt unser inneres Angstzentrum das Revier ab: Homosexuelle Ehen, das dritte Geschlecht, die Infragestellung des Patriarchats, die Macht der Frauen, all das ist ungewohnt und drängt derzeit in den sogenannten Mainstream, die Mitte der Gesellschaft. Und jede und jeder, der keine persönlichen Erfahrungen mit den betroffenen Menschen oder Situationen hat, betrachtet den unbestreitbaren Wandel in unserer Gesellschaft mit Argwohn.

Wenn dann im Internet die Trolle zum Angriff blasen und unsere innewohnende Angst vor der Veränderung noch vergrößern und unsere Bösartigkeit, die sich als Verteidigungshaltung verbrämt, antriggern, dann kippt das soziale Netzwerk und wird zum asozialen Netzwerk, das wie eine dunkle Brühe millionenfach Schmutz verbreitet. Jaron Lanier stellt diesen Prozess unter der Perspektive der Sucht in einem Kapitel dar, das er nennt: „Social Media macht Dich zum Arschloch."[3] Denn dann entsteht in einem Netzwerk, das so fröhlich mit „Likes" arbeitete und den Menschen den Dopaminschub schenkte, eine ungebremste Hasskultur. Dopamin befriedigt nämlich auch den, der Hasstiraden gegen jüdische Mitbürger liked und teilt. Tatsache ist, dass man in den vergangenen drei Jahren von einer um sich greifenden Feindseligkeit sprechen muss. Die „#ichbinhier"-Kampagne[4] spricht von „koordiniertem Hass".[5]

Dopamin befriedigt nämlich auch den, der Hasstiraden gegen jüdische Mitbürger liked und teilt.

Dabei dominieren rechtsextreme Accounts. Sie verbreiten Hetze gegen Muslime oder Juden oder Homosexuelle, sie versuchen Politikerinnen und Journalisten Angst zu machen. Viele Journalistinnen in diesem Land können von ungebremsten Beschimpfungen berichten, bis hin zu Morddrohungen. Das ist zwar kein Abbild der Gesellschaft, aber verwandelt die Gesellschaft, die einen wertschätzenden und respektierenden Ton förderte, in ein Schlachtfeld von Beschimpfungen und Drohungen.

Hinter diesem Vorgehen ist eine klare Strategie, die versucht, das Sagbare und Denkbare zu verschieben, bis ein Mensch soweit ist, dass er Brandbomben auf Frauen und Kinder wirft und sich gut dabei fühlt. In der Sprache der Politikstrategen heißt das, man versucht, ein sogenanntes „Overton-Fenster" zu öffnen und mittels falscher oder echter Zahlen, moralischer Appelle, emotionaler Ansprache oder des Kommentierens von Ereignissen die Gesellschaft in eine andere Politikkultur zu rücken, die dann eine andere Denk- und Sprachkultur voraussetzt.[6]

Die neue Rechte arbeitet ganz strategisch mit diesen Einflussfaktoren und man muss wohl konstatieren, dass kein Ereignis diesen Rechtsstrategen mehr in die Hände spielte als die Übergriffe von jungen Maghrebinern am Silvesterabend 2016/17 oder Vergewaltigungen, Anschläge und Tötungen durch Asylbewerber. Solche Ereignisse werden in der rechten Szene geradezu bejubelt. Dabei verfolgt dieser Hass-Tsunami im Netz eine klare Strategie, die man in Sprachgesten ausdrücken kann, die in der Kommunikationswissenschaft als „Hassrede" bezeichnet wird. Die Hassrede zielt – nach der Kölner Medienpsychologin Josephine B. Schmitt – auf Ausgrenzung von anderen, auch Einschüchterung, Dominanz und Deutungshoheit, sowie Spaß und Nervenkitzel. Elemente von Hate Speech sind weiter die bewusste Verbreitung falscher Aussagen, die Tarnung hasserfüllter Inhalte durch Humor oder Ironie, die Befürwortung von oder der Aufruf zu Gewalttaten, herabwürdigende und verunglimpfende Begriffe, sexistische oder rassistische

Beleidigungen, die Bedienung von Vorurteilen durch bestimmte Begriffe und Sprachmuster, Verallgemeinerungen, eine „Wir versus Die“-Rhetorik, Verschwörungstheorien und die Befürwortung oder Androhung sexualisierter Gewalt.[7]

Nun müssen wir also feststellen, dass diese etwas esoterisch anmutende Anerkennungsstrategie: „Gib Deinen Freunden ein Like“, „Teile Deine Gefühle“, „Mache mobil für das Gute“, in einem entsprechenden Horizont auch ganz anders rezipiert werden kann. Die Ausländerhasserin wird bestätigt und der Holocaustleugner auch und am Ende geht das Netz unter in der braunen Brühe oder zumindest beherrscht die braune Agenda die Diskurse.

In meiner christlichen Friedensfreundeblase zum Beispiel, wo wir uns eigentlich alle sanft und barmherzig fühlen und als gute Menschen, werden angesichts der Fremdenschelte und der rechten Propaganda auch die Pazifistinnen und Pazifisten wild. Der Ton wird aggressiv, es passieren keine brutalen Verunglimpfungen, aber man ist sich dann doch sehr einig, dass Leute, die das Wort „Asyltourismus“ angesichts sinkender mit Menschen überfüllter Boote in den Mund nehmen, nicht mehr zu der Gemeinschaft der Christen gehören.

„Gib Deinen Freunden ein Like.“

Auch hier nimmt die Negativität in den politischen Diskursen überhand, anstatt konstruktiv weiterzudenken, Vorschläge zum Besseren zu machen oder einfach erst mal zu versuchen, die Gegnerin und den Gegner zu verstehen, bevor man ihn widerlegt. So als befände man sich in einer Spirale hinunter in den Schmutz. Die Ablehnung derer, die anderer Meinung sind oder hetzen, wird zum Anerkennungspotential für die jeweils andere Seite. Negativität, Hetze, Ablehnung, das wird mehr und mehr der Motor der sozialen Netzwerke, deren Algorithmen die Verweildauer des Users und seine Aufmerksamkeit messen.

So als befände man sich in einer Spirale hinunter in den Schmutz.

Und so entsteht in Teilen die Anerkennung der Monsterhaftigkeit unserer Existenz. Denn, dass die Monsterhaftigkeit ein Teil unserer Existenz ist und dass sich unsere Monsterhaftigkeit steigert, je mehr wir uns im Recht fühlen – das hat jeder von uns schon an sich selbst erfahren. Anerkennung und Zuspruch müssen also in etwas anderer Weise entstehen. Was bedeutet demgegenüber die Anerkennung eines Menschen, wenn die Theologin darüber spricht?

Wenn Christen von der Anerkennung Gottes oder von der Anerkennung durch die Taufe sprechen, dann sprechen wir von diesem ungeheuren „Ja“ zum Leben und zu den Menschen, das das Mysterium des Schöpfers ist. Unsere Sehnsucht nach Anerkennung birgt sich in den Räumen unseres Glaubens in einen Gott, der jedem seiner Geschöpfe durch das Geschenk des Lebens ein Ja zugesagt hat. Dieses große Ja zu unserem Leben wird von Gott auch angesichts unserer beschämenden Handlungen aufrechterhalten und erneuert. Angesichts unserer Wortbrüche und unseres Versagens, unserer Schuld und unseres Unterlassens. Dieses Ja bestärkt uns aber nicht in unseren Schwächen, sondern gibt Raum für einen anderen Weg.

Jesus Christus ist nach christlicher Vorstellung die Bestätigung des großen Jas zu unserem Leben – angesichts seiner Fragmentierung und Besudelung.

Christen leben unter dem Schirm von Gottes Ja. Das macht christliche Identität aus und genau dies wird in der Taufe zelebriert. „Ich habe Dich bei Deinem Namen gerufen, Du bist mein", das ist Gottes Taufzusage unter den Bedingungen eines nicht perfekten Lebens. Diese christliche Anerkennungskultur rechnet mit den Ambivalenzen einer menschlichen Biografie, rechnet mit der Reflexion über den eigenen Platz in der Welt, rechnet mit Jubel und Dankbarkeit, mit Reue und Umkehr als einem fortwährenden Lebensprozess. Wer von Gott bejaht wird, muss nicht um die Anerkennung der anderen buhlen und sich nicht in deren Anerkennungsspirale begeben. Wer von Gott bejaht wird, in dessen Herzen lebt eine unzerstörbare Freude über das Leben und am Leben. Das christliche Weltbild ist ein Ja zur Welt. Und nicht das Nein zu den anderen.

Gott sieht mich, davon ist die Bibel der Christen und Juden überzeugt, er sieht in das Herz, so formuliert die Davidsgeschichte. „Der Mensch sieht, was vor Augen ist, Gott aber sieht das Herz an" (Sam. 16,7). In der eher freudlosen Spur eines pietistischen Christentums hat man die Gläubigen von Kind an mit einem Gott erschreckt, der alles sieht. So eine Art in der Seele eingebauter Big Brother, der die Einhaltung der Regeln überprüft und bei Regelbruch straft. Ein so beobachtetes

Leben wird Unglück im Leben immer als Gottes Strafe wahrnehmen und das eigene Leben einer Dauerkontrolle und Dauerzensur unterwerfen.

Demgegenüber wirkt das Spiegelkabinett von Facebook oder Instagram harmlos und freundlich, wenn die Speisenfolgen oder neuen Outfits im Kreise der Freunde bewundert werden – oder eben nicht. Die Kommunikation auf Facebook dient dazu, den anderen zu zeigen, welch ein schönes und gutes Leben einer hat. Und unversehens entwickelt sich im Kreise der „Freunde" eine Art Wettbewerb um das schöne Leben, dem auf der anderen Seite ein gewaltiger Neidfaktor innewohnt.

Die Kommunikation auf Facebook dient dazu, den anderen zu zeigen, welch ein schönes und gutes Leben einer hat.

Wer hat das schönste Leben? Ich vermute, dass die Menge von Fotos von Reisen und Urlaubsfreuden, kulinarischen Genüssen und neuen Kleidern einen niedergeschlagenen Menschen noch niedergeschlagener macht. Facebook macht also nicht glücklich, es stellt das Glück des Einzelnen in einen dauernden Wettbewerb. Und das ist ein weiterer Punkt, wo Facebook mich am Haken hat. Bei dem Versuch, besser und schöner und schneller und erfolgreicher zu sein als andere.

Auf einer solchen Plattform darf einer kein Pech haben oder erfolglos sein oder verlassen werden oder am Ende sein. „Ich bin traurig, weil meine Frau mich verlassen hat", ist kein Posting für ein Like. Oder: „Das Essen ist mir verbrannt …" – auch das ist nicht wirklich ein Foto wert im Kreise der virtuellen „Freunde".

Aber ich will nicht ungerecht sein und grob vereinfachen: Es gibt natürlich auch die anderen Beispiele, wo Menschen sich in ihrem ganze Elend einer mehr oder weniger anonymen Öffentlichkeit anvertrauen und im Kreise der Follower oder Freunde Zuwendung, Trost und Unterstützung bekommen. Wo über soziale Netzwerke eine Gemeinschaft der Anerkennung entsteht.

Die Anerkennung durch Gott jedenfalls beruht nicht auf Erfolg oder Wohlverhalten.

Die Anerkennung durch Gott jedenfalls beruht nicht auf Erfolg oder Wohlverhalten und wenn die Bibel formuliert, dass Gott mich sieht oder mir ins Herz sieht, dann meint sie nicht, dass Gott mich durchschaut und bewacht. Eine Identität unter den Augen Gottes lässt Ambivalenzen zu, auch Infragestellungen. Sie lädt ein zu einer Existenz, die sich selbst ein wenig misstraut, sich selbst kritisieren und auch belächeln kann, die aber Gott alles zutraut.

Denn Gott ist der Schöpfer und Eigentümer meiner Seele, so glaubt ein Christ, und das heißt, dass er an die Schönheit der Seele glaubt, dass jeder Mensch wachsen kann – auch über sich hinauswachsen, wenn er angefangen hat, sich selbst und dieses große Ja zu spüren, das in der Taufe zugesprochen wurde. Die Anerkennung durch Gott heißt, dass ein Mensch ins Freie wachsen kann, ständig auf der Suche nach sich selbst. Ständig auf der Hut, nicht im Strudel von selbstgerechtem Hass zu versinken.

Die Taufe ist dabei eine Art lebenslanger Dopamindusche. So wie Obelix in den Zaubertrank gefallen ist, so ist die Getaufte nach dem Glauben der Christen in ein Anerkennungsbad gefallen. Dieses Ja zum Leben ist unrevidierbar. Die Welt wäre ein guter Ort, wenn Menschen dieses Ja zum Leben des anderen weitergeben würden. Gemeinden können solche Orte der Anerkennung sein. Ganz ohne Facebook-Account und den innewohnenden Rechenmaschinen, die die Kontakte zählen und die Likes und ab und zu rundmelden, wer der König in diesem Revier der „Freunde" ist.

Die Taufe ist dabei eine Art lebenslanger Dopamindusche.

Es ist beruhigend festzustellen, dass Facebook dann doch letztlich nichts von mir weiß, nichts Wichtiges auf jeden Fall. Kürzlich hatte ich ein Interview mit dem Deutschlandfunk. Es ging um die Ethik der Sprache. Hinterher schickte mir die Redaktionsleiterin eine Mail, in der sie sich bedankte, und ich schrieb ihr zurück. Am nächsten Tag wurde mir diese Frau als eine potentielle Freundin vorgeschlagen. Ich habe sie noch nie gesehen, aber Mark Zuckerberg hat offenbar mitgekriegt, dass wir Kontakt hatten. Hatte ich diese Person auf Google gesucht? Ich kann mich nicht erinnern. Hat Facebook Zugriff auf meine Mails oder zumindest auf die Adressen? Nichts ist unmöglich. Ich habe allerdings aufgehört, diesen Programmen anzuvertrauen, was mir wirklich wichtig ist.

In seiner Wiener Rede, die die neuen Kommunikations-Technologien zum Inhalt hatte, rät der Berliner Philosoph Volker Gerhardt zur Kommunikationsaskese.[8] Kommunikationsaskese gehört zum Erlernen einer neuen Lebenskunst, wie ich es in meinen Worten sagen würde. Oder in anderen Worten: Wir müssen wieder achten lernen, was ein Geheimnis ist und welche Sphären und Zutrittserlaubnisse welche Person zu mir hat, welche Distanz und welche Nähe ich zwischen mir und einer anderen Person definiere.

Wir werden die Kunst der Abgrenzung und der Unterscheidung in Bezug auf andere Menschen ganz anders und neu lernen können. Denn wir sind unterschiedslos sichtbar in den sozialen Netzwerken. Was vertraue ich wem an? Jeder Mensch hat in der analogen Welt ein ausgeklügeltes System von unterschiedlichen Sphären. Mit wem ich arbeite und meine Ideen oder Probleme bespreche, mit wem ich feiere und weggehe, wen ich zu mir nach Hause einlasse, wen ich einlade, bei mir zu übernachten. Mit wem ich meine ganz privaten Themen bespreche und wer mit mir in einem Bett schlafen darf, das sind innere Prozesse, die oft lange dauern und wo die Grenzen der Privatheit immer wieder neu ausgehandelt werden.

Wir müssen wieder achten lernen.

Die neue Kommunikationstechnologie justiert diese Grenzen neu. Sie gibt mir das Gefühl, ich könnte in den Einstellungen die Grenzen frei wählen. Dieses Angebot gilt allerdings nur für meine Abgrenzungen gegenüber den anderen Leuten auf der Plattform. Das gilt nicht für den Plattformbetreiber selbst. Er vernetzt und verbindet alle Informationen, die ich ihm gebe, zu einer virtuellen Person, die nach dem Bilde meiner Datenspuren geformt wird. Ich muss also immer besser lernen, wie diese Technologien sozusagen auf der Rückseite oder im Hinterhalt funktionieren, um selbst die Kunst zu erlernen, mich unbeschadet in den virtuellen Sphären zu bewegen.

Dennoch werde ich nicht verhindern können, dass der dauerhafte Umgang mit diesen Algorithmen sich in mein Gehirn hackt und meine Seele am Haken hat.

Dennoch werde ich nicht verhindern können, dass der dauerhafte Umgang mit diesen Algorithmen sich in mein Gehirn hackt und meine Seele am Haken hat. Dass er meine Wahrnehmung organisiert, meine Welt verunsichert, im gleichen Moment verengt und womöglich den Pegel meiner täglichen Erregung steigert.

Es gehört also zur Lebenskunst, sich die eigenen Grenzen der Privatheit immer wieder bewusst und sich klar zu machen, dass die neuen Technologien den Verlust der Privatheit als Grundlage ihres Geschäftsmodells verstehen.

Es gehört weiter zur neuen Lebenskunst, zu überlegen, woher ich die Anerkennung nehme, die ich zum Leben brauche. Wann habe ich das Gefühl einer warmen Dusche? Wer schenkt mir den Dopaminstoß, den ich zum Leben brauche? Und wie befreiend ist der Gedanke, dass das große Ja zu meinem Leben von Gott, also von ganz woandersher kommt – und nicht von den „Likes" und nicht aus den Leistungspunkten in meinem Leben, nicht vom Gehaltsscheck, also nicht von den anderen!

Literatur

1 Miller, Anna. „Perfides, höllisches Ding! Wie mich der Ausstieg aus Facebook verändert hat". *NZZ am Sonntag*, 10. März 2018, https://nzzas.nzz.ch/gesellschaft/perfides-hoellisches-ding-ld.1364811.

2 Pariser, Eli, Ursula Held (Übersetzerin). *Filter Bubble: Wie wir im Internet entmündigt werden.* Hanser, 2012.

3 Lanier, Jaron. *Zehn Gründe, warum du deine Social Media Accounts sofort löschen musst.* Übersetzt von Martin Bayer und Karsten Petersen, Hoffmann und Campe, 2018, S. 59 ff.

4 Link zum Verein von #ichbinhier: https://ichbinhier.eu/. Zugegriffen 27. September 2018.

5 Die Analyse von über 1,6 Millionen rechtsextremen Posts in sozialen Medien (Twitter und öffentliche Facebook-Seiten) im Zeitraum Februar 2017 – Februar 2018 zeigt, dass explizit rassistische, antimuslimische und antisemitische Posts seit dem Inkrafttreten des NetzDG im Oktober 2017 zwar abgenommen haben, aber koordinierte rechtsextreme Online-Hasskampagnen seit Dezember im Schnitt mehr als dreimal so weit verbreitet sind (ca. 300.000 Posts).

6 Rabe, Jens-Christian. „Das wird man wohl bald sagen dürfen". *sueddeutsche.de*, 1. August 2018. *Sueddeutsche.de*, https://www.sueddeutsche.de/kultur/politische-theorie-das-wird-man-bald-sagen-duerfen-1.4077610.

7 Schmitt, Josephine. „Online-Hate Speech: Definition und Verbreitungsmotivationen aus psychologischer Perspektive". *Online Hate Speech: Perspektiven auf eine neue Form des Hasses*, herausgegeben von Kai Kaspar u.a., kopaed, 2017, S. 52–56.

8 Gerhardt, Volker. *Licht und Schatten der Öffentlichkeit: Voraussetzungen und Folgen der digitalen Innovation.* 1. Aufl, Picus, 2014. *Sueddeutsche.de*, https://www.sueddeutsche.de/kultur/juergen-habermas-keine-demokratie-kann-sich-das-leisten-1.892340-3

7. Kapitel

Lebenskunst und Seel-Sorge. Oder: Warum Glaube, Hoffnung und Liebe uns zu Menschen macht

Du meine Seele singe, wohlauf und singe schön!

Paul Gerhardt

„Ich finde das Wort Seelsorge demütigend und veraltet", sagte mir neulich ein würdiger alter Herr, ein Ingenieur und Physiker, „ich kann für meine Seele – wenn es sie denn gibt – schon gut alleine sorgen! Da brauche ich doch keinen anderen Menschen und schon gar keinen Pastor." Ich kann ihn verstehen. Das Wort Seelsorge klingt in heutigen Ohren wie Vorsorge oder Nachsorge beim Arzt und vermittelt das Gefühl des Angewiesenseins auf einen anderen Menschen, der mir Ermahnung und Ermutigung und geistliche Begleitung anbietet und eine Hierarchie in der Kommunikation nahelegt: von weiter oben nach weiter unten.

Muss ich mich einem anderen Menschen anvertrauen, um gedanklich weiterzukommen?

Muss ich mich einem anderen Menschen anvertrauen, um gedanklich weiterzukommen? Die vielen Selbsthilfeforen in den sozialen Netzwerken scheinen da eine Alternative zu bieten für alle, die institutionalisierte Autoritäten meiden wollen. Unsere Verwendung des Wortes Seelsorge impliziert also eine Attacke auf die autonome Persönlichkeit. So als bräuchte der autarke moderne Mensch einen anderen, der oder die ihm sagt, wohin er oder sie denken soll, worauf achten, wie sich verhalten, wie handeln. Eine Art Seelenführer.

Selbstbestimmt will ich als heutiger Bürger und Christin sein. Selbstbestimmt und selbstnavigierend.

Selbstbestimmt will ich als heutiger Bürger und Christin sein. Selbstbestimmt und selbstnavigierend. Die neuere Sprachentwicklung in der Praktischen Theologie spricht schon vorsichtshalber gut amerikanisch von „spiritual care", wobei dieses Wort, stärker als das deutsche Wort „Seelsorge", die *Selbst*sorge einschließt.

Für die Autoren der Bibel ist die Sorge für die eigene Seele eine zentrale Aufgabe der Christen untereinander. Sie sprechen von Begleitung und Ermutigung, von Ermahnung und Tröstung, sie trauen der seelsorgerlichen Kommunikation zu, dass sie Dinge wieder in Ordnung bringt und das innere Gleichgewicht wieder herstellt. Da braucht es erst einmal kein Amt, sondern lediglich das teilnehmende Interesse, die Wahrnehmung des anderen und eine Portion Empathie.

Niemand will bestreiten, dass die Teilnahme an einem Forum für krebskranke Menschen oder verwaiste Eltern neue Horizonte eröffnen kann und tröstliche Gemeinschaft stiften. Die digitalen Logiken stehen dem, was die Seelsorge in christlichem Verständnis ausmacht, allerdings etwas quer. Die Seelsorge in christlicher Vorstellung lebt von der Inszenierung eines intimen Raumes, in dem die Traurigkeit und die Verzweiflung, die Schuld und die Angst ihre ganz eigene und einzigartige Wahrnehmung erhalten. Nicht umsonst ist der Seelsorgeraum ein Raum des Geheimnisses. Es ist eine Begegnung sozusagen vor dem offenen Himmel. Eine Begegnung, die mit einem Dritten rechnet. Und dieser oder diese oder dieses „Dritte“ ist das Geheimnis der Welt.[1]

Geheimnisse sind Teil unseres religiösen Rituals. Das Beichtgeheimnis ist da eine intime Selbstinszenierung im Auge des anderen und zum Zwecke der Heilung vor Gott. Geheimnisse als Orte unserer Selbstentfaltung und Weiterentwicklung haben keinen Platz in der digitalen Welt. Diese lebt von der radikalen Öffentlichkeit, Transparenz und Enthüllung bis zu dem Satz, der Mark Zuckerberg zugeschrieben wird: Privatheit ist Diebstahl.

Das interne Leitbild regt die Mitarbeiter von Facebook neuerdings an, den zwei Milliarden Nutzern Sinn und Bedeutung in ihrem Leben zu verleihen. Die Unternehmensvision, auch „missionstatement“ genannt, formuliert Sätze, die einem Religionsgründer nicht schlecht anstünden: Facebook soll dafür sorgen, „dass jeder einzelne Mensch ein Ziel und ein Gemeinschaftsgefühl hat …“.[2] Das Unternehmen Facebook nimmt also für sich in Anspruch, eine quasireligiöse, sinnstiftende Rolle im Leben der Menschen in all seinen Facetten zu spie-

Das Unternehmen Facebook nimmt also für sich in Anspruch, eine quasireligiöse, sinnstiftende Rolle im Leben der Menschen in all seinen Facetten zu spielen.

len. Und es maßt sich an, anhand der Wahrnehmungsanordnungen der Algorithmen, die nach inzwischen nicht mehr nachvollziehbaren Regeln agieren, darüber zu bestimmen, was ich sehe und was ich für relevant halten soll und mit wem ich Gemeinschaft habe. Die Plattform will die Rolle des Seelenführers in meinem Leben übernehmen, meinem Leben einen Sinnhorizont eröffnen.

Die Plattform will die Rolle des Seelenführers in meinem Leben übernehmen, meinem Leben einen Sinnhorizont eröffnen.

Diese Seelenführung durch ein Netzwerk, das in seinen Usern lediglich Kunden und Datenstöcke sieht, bringt uns User in eine defensive Situation. Sie erfordert als Antwort das Erwachsenwerden der Nutzer und deren Engagement, die Selbstnavigation über die Wahrnehmung und die Prioritäten dessen, was man für relevant hält und was nicht, wieder selbst in die Hand zu nehmen. Es bedarf der Einsicht, dass wir die Maschinen, die uns bestimmen und kontrollieren beziehungsweise unser Handeln und Denken vorausberechnen wollen, nicht mystifizieren oder dämonisieren, sondern mit ihnen in einer erwachsenen Weise kooperieren.

Dazu bedarf es der Behauptung einer individuellen, einer singulären Persönlichkeit, eines gottgewollten Selbst, eines selbst- und gottverantworteten Willens, der Behauptung eines Gewissens und einer Wahrnehmungsanordnung, die sich versteht und erklärt aus Geistes- und Herzensbildung, Kritik, persönlicher Erfahrung und Empathie, der Neugier und dem Glauben an Gottes Liebe und Gerechtigkeit als Lebensressource.

Und es bedarf der Seele, als einem hartnäckig behaupteten Konstrukt, als Gegenüber und Differenzort zu den Algorithmen und deren unverrückbarer Behauptung. Auch wenn laut Harari (Homo Deus)[3] die Biochemiker und laut Roth[4] auch die Neurologen keine Seele im Menschen gefunden haben: Wir haben Emotionen und Triebkräfte wie ein Schwein, eine Kuh oder ein Affe. Diese Triebkräfte sind ganz vital. Wir schützen unsere Herde, wir lieben unsere Kinder, wir fürchten den Schmerz und fliehen vor Bedrohungen. Das haben wir mit unseren näheren und entfernteren tierischen Verwandten gemeinsam. Alles andere, was die christlich-jüdische Tradition von der Überlegenheit des Menschen zu behaupten gewohnt ist und was die Aufklärung in dem Begriff der „Vernunft" geborgen hat, das ist mit strengen naturwissenschaftlichen Maßstäben nicht messbar.

Wir haben Emotionen und Triebkräfte wie ein Schwein, eine Kuh oder ein Affe.

Demgegenüber gilt es in Zukunft zu fragen: Lässt sich unser Denken in der Symbiose mit den Rechnern dergestalt imitieren und dann optimieren, dass unsere Spezies eines Tages in ihren Gehirnfunktionen so verbessert ist, dass unsere Ähnlichkeit mit den Tieren einer Ähnlichkeit mit den Computern weicht? Oder gelingt es uns, die vernetzte und verdatete Welt zur Unterstützung bei der Information und Kommunikation zu nutzen – und dabei keinen Schaden zu nehmen an unserer Seele?

Nach der Behauptung der Alten ist es die Seele, die den Einzelnen unterscheidet und die – in welcher Aggregatsform auch immer – bleibend ist, für immer. Eine Seele, die Potential und Gabe ist: das Überraschungsei Gottes.

Wenn wir Christinnen und Christen den Heiligen Geist anrufen, dann rufen wir den schöpferischen Geist an, der Neues denken, empfinden, fragen und kombinieren kann. Diesen Geist, der aus unterschiedlichen Informationen, aus der zufälligen Kombination von Wahrnehmungen und Materie etwas völlig Neues und nie Dagewesenes schaffen kann. Die Seele als die behauptete Einheit von Denken, Fühlen, Erfahren und Hoffen, sie hat Lust am Spiel und am Rätsel des Lebens, sie hat mehr Lust auf die Fragen des Lebens als auf Antworten.

Den schöpferischen Geist nennen wir heilig, weil er unsere Vernunft übersteigt und die Inspiration als Gabe und Geschenk feiert. Die Erfindung des Internets ist so ein Moment für die Menschheit. Sie bringt eine neue Ordnung in die Kommunikation der Menschen und stellt damit das Denken über das Menschsein auf eine neue Ebene. Die bisherige Wahrnehmung der Welt löst sich auf, wird instabil oder flexibel, wird fluide und schillernd, oder wird – wie der Autor Christoph Kucklick schreibt: „granular".[5]

Die bisherige Wahrnehmung der Welt löst sich auf, wird instabil oder flexibel, wird fluide und schillernd.

Alles was wir bisher als tragende Säulen unserer Gesellschaft begriffen haben, wird einem revolutionären Prozess unterworfen; das Modewort dafür lautet „disruptiv". Kucklick spricht von der „Differenzrevolution", die uns inmitten der Masse der Menschen durch algorithmische Vermessung immer präziser als Einzelnen hervortreten lässt und damit zur Segmentierung der Gesellschaften beiträgt; von der „Intelligenzrevolution“ und was das für unser Reden über die menschliche Intelligenz bedeutet und von der „Kontrollrevolution“ und wie sie unser Leben berechenbar und vorhersagbar macht. Kucklick konstatiert, dass wir Menschen nichts Geringeres tun müssten, als uns neu zu erfinden, wie wir das in der Geschichte der Menschheit schon öfters getan haben. Wir müssen launischer werden und widerspenstiger, sprunghafter und neugieriger, gefühlvoller und einfühlsamer.[6]

Verarbeiten wir Menschen und insbesondere wir Christen diese neue Stufe der menschlichen Ordnungen als Kränkung, weil wir erkennen, dass die von uns geschaffenen digitalen Systeme klüger werden als wir, oder verarbeiten wir diese neuen Ordnungen als Chance, die Seele des Menschen wieder zu entdecken und damit die alten theologischen Begriffe neu zu formulieren? Nicht als metaphysisches Drohpotential, wo sich die Seelen der Menschen im Jüngsten Gericht quälen, sondern als geistiges Konstrukt, um die Differenz zu den Computern und deren Logiken zu beschreiben.

Denn das meint im tiefsten Sinn die Gottesebenbildlichkeit des Menschen: immer neue Ordnungen zu schaffen, nie Dagewesenes sichtbar zu machen, aus Zufällen Regeln zu erkennen und auf neue Herausforderungen des Lebens spielerisch und flexibel zu reagieren. Dazu gehört die Fähigkeit, immer neue Fragen zu stellen, überraschende, auch unlogische, aus denen dann neue Logiken erwachsen.

Dazu gehört die Fähigkeit, immer neue Fragen zu stellen, überraschende, auch unlogische, aus denen dann neue Logiken erwachsen.

Der Schöpfergeist des Menschen speist sich nicht allein aus logischen Kombinationen (wie die künstliche Intelligenz), das wohl auch, aber er tut noch etwas anderes: Er erfüllt die Logiken dieser Welt, die in unseren Zeiten als binäre Codes auftreten, mit seiner Seele. Dieses unortbare Etwas, das uns umgibt und in unserem Inneren wohnt: das persönliche Gefühl, individuelle Erfahrungen, Mitgefühl und Ironie, Neugier und die Poesie einer unverwechselbaren individuellen und originellen Wahrnehmung. Das macht die einzigartige, die singuläre Würde jedes einzelnen Menschen aus.

Die Seele als der Ort, an dem Gottes Eigentumsvorbehalt wohnt, birgt unsere Schöpferkraft und unsere Liebe, die Kräfte zu Heilung und die Kräfte, über sich selbst hinauszuwachsen bis hin zum Selbstopfer.

Im Zentrum des Christentums steht jener Akt der Hingabe am Kreuz, der in seiner äußersten Menschlichkeit von den damaligen Zeugen des Todes Jesu als göttlich verstanden wurde: der Aufgabe der eigenen Existenz für eine größere Sache, einen anderen Menschen oder eine hellere Zukunft oder den Gott der Liebe. Viele Menschen sind Jesus in dieser Überzeugung im Laufe der Geschichte nachgefolgt. Wäre dieser Überschuss an Glauben, dieses seiner Sache gewisse Selbstopfer der Märtyrer in der alten Kirche und in der folgenden Geschichte der Märtyrer – die auch gegen die Institution der Kirche geschrieben wurde – nicht gewesen, es gäbe kein Christentum als Religion und Weltreligion.

Wie viel Großartiges, die menschlichen Kulturen Prägendes ist aus dieser schöpferischen Seele, die Körper, Geist und Vernunft umfasst, in der Geschichte dieser Welt geboren worden! Musik und Tanz und Dichtung und Erfindung und die Religion, die eine Ahnung davon vermitteln, dass Geistesblitze und Neuorientierungen nicht die Folge selbstlernender Algorithmen sind, sondern eine Kombination aus menschlicher Neugier und Hartnäckigkeit und – Gottes Geschenk und Gabe.

Diese Kraft der Seele wird uns auch in die Lage versetzen, in der vermessenen Welt von heute und morgen neue Formen der Lebenskunst zu entwickeln, neue Tugenden der Alltagsgestaltung, der Wachsamkeit gegenüber denen, die uns überwachen wollen, der Autonomie gegenüber denen, die uns fremdbestimmen und manipulieren wollen, der Individualität gegenüber denen, die uns normieren wollen.

Da gilt es, die Kunst der Emanzipation einzuüben von der Abhängigkeit der Geräte, die die Kunst der Entschleunigung gegenüber dem stets wachsenden Schuldenberg an nicht genutzten Möglichkeiten und nicht effektiv verwendeter Zeit, die Kunst der Freiheit gegenüber der Vermessung und Normierung unserer Körper und der Gier von Versicherungen, Krankenkassen und staatlichen Institutionen, die die Navigation über unsere Körperdaten übernehmen wollen.

Die Kunst der Emanzipation einzuüben von der Abhängigkeit der Geräte.

Es gilt, die Machtfragen zu stellen, die durch die neuen Technologien camoufliert sind und als basisdemokratische Kommunikation auftreten.

Es gilt, Transparenz einzufordern, die neuen Spielregeln – auch technologisch – im Rahmen der geltenden Gesetze offenzulegen.

Es gilt, achtsam zu sein mit unserer Aufmerksamkeit. Wie viel Zeit kostet mich ein soziales Netzwerk? Zeit, die mir verloren geht vom Kochen mit dem Freund, vom Lesen eines Buches, vom Plaudern mit lebendigen anderen.

Es gilt, achtsam zu sein mit unserer Aufmerksamkeit.

Während ich das niederschreibe, flattert die Nachricht durch die Netzwerke, dass in Hamburg Kinder demonstrieren gegen den Aufmerksamkeitsverlust ihrer Eltern. Unter dem Motto „Spielt mit mir und nicht mit dem Handy" machen sie darauf aufmerksam, wie hart sich andere, lebendige Menschen, insbesondere Kinder tun, wenn sie mit dem Aufmerksamkeitssog der digital übermittelten Neuigkeiten konkurrieren müssen. Die Informationsagenturen und Netzwerke haben uns am Hirn, am Herzen und, wie man in der Machosprache sagt, sie haben uns „an den Eiern".

Es gilt, nach der haltbaren und der ernsten Liebe zu fragen, die sich dem anderen schenkt und ihn nicht als eine Option sieht unter tausend anderen.

Es gilt, die Einzigartigkeit unserer persönlichen Erfahrungen als unsere Wahrheit zu verteidigen, aber trotzdem zu wissen und immer wieder mit Neugierde wahrzunehmen, dass das Konstrukt der Wahrheit, diese überlebensnotwendige Idee, nur in der Annäherung aus vielen Perspektiven besteht, dass sie vielgestaltig ist und niemals hermetisch, aber dass man ihr lebenslang hinterherjagen muss wie einer flüchtigen Gedankenstation in der Dynamik der Suche nach der endgültigen Wahrheit.

Es gilt zu begreifen, dass in diesen fluiden Zeiten Wahrheit zugleich langfristige Treue braucht, weil Wahrheit erst das wird, was sich bewährt.

Bewährt hat sich das Menschenbild des aufgeklärten Individuums, das sich zugleich bewusst ist, dass es sich in seiner Existenz verdankt.

Bewährt hat sich die Idee der Würde des Einzelnen, die unantastbar ist, weil sie Gottes Eigentum ist. Der aggressivste Angreifer, der grausamste Folterer kann einem Menschen die göttliche Würde nicht nehmen. Sie ist uneinnehmbar. Sie ist auch nicht vermessbar oder berechenbar. Das hat sich als Behauptung und Ideal bewährt. Bewährt hat sich auch ein gesellschaftliches System, in dem die Bürger die Wahl haben und in dem ihnen zugetraut wird, dass sie sich eine differenzierte Meinung bilden und diese Meinung in den Diskurs einbringen. Es gilt, den Manipulatoren entgegenzutreten, die diese freie Gesellschaft beginnen zu destabilisieren und gegeneinander aufzuhetzen.

Bewährt hat sich die Idee der Würde des Einzelnen, die unantastbar ist, weil sie Gottes Eigentum ist.

Paulus hat einmal geschrieben: „Das Böse, das ich nicht will, tue ich, und nicht das Gute, das ich will.“ (Römer 7,19) Mag sein, dass den Gründern der marktbeherrschenden Plattformen wie Google und Facebook einst eine andere Welt vorgeschwebt hat als die, die sie dabei sind zu schaffen: das geöffnete Scheunentor für die Segmentierung der Gesellschaft durch Gereiztheit und Empörungskulturen, die immer aggressiver werden. Vielleicht ist es das Phänomen des goetheschen Zauberlehrlings, der Dynamiken angestiftet hat, die nicht mehr rückholbar waren.

Wir Bürgerinnen und Bürger, wir Christinnen und Christen, die wir auf unserer Seele beharren und keine vermessenen Menschen werden wollen, werden uns gegen die Monopolisten unserer Wahrnehmungsindustrie auflehnen müssen. Die Netze verlassen, alternative Suchmaschinen aufsuchen, unsere Kommunikation verschlüsseln und nichts im Internet schreiben, was nicht die ganze Welt lesen darf.

Wir werden neue Lebenskünste einüben und dabei helfen, das Netz zu einem menschenfreundlichen Ort zu machen.

Eine Grunderzählung des christlichen Glaubens ist die Exoduserzählung: das Narrativ von dem Volk, das aus seiner Sklaverei auszieht und lernen muss, die Freiheit auszuhalten und das dann einzieht in ein neues Land und dieses schließlich Stück für Stück erobert. Das geht, wie wir wissen und im Ersten Testament nachlesen können, nicht ohne Auseinandersetzungen und Machtkämpfe ab.

Wir werden neue Lebenskünste einüben und dabei helfen, das Netz zu einem menschenfreundlichen Ort zu machen.

Diese Grunderzählung der jüdisch-christlichen Kultur begrüßt die neue Welt, das „Neuland", erkundet sie, macht sie zu der eigenen und ordnet sie nach den Bedürfnissen der Seele des Einzelnen und der Gesellschaften. Lasst uns also öffentliche Seelsorge betreiben, in dem wir uns einmischen in den Umgang mit der vermessenen Anders-Welt!

Wie aber wird dieser neue Mensch aussehen, der sich im Gegenüber zur künstlichen Intelligenz nicht mehr nur auf seine Vernunft und sein Wissen berufen kann, sondern auf seine Seele?

Spielerisch? Ja. Widerspenstig und launisch? Ja. Sprunghaft und vielfach vernetzt? Ja. Empathisch, weil man sich in viele andere hineinversetzen muss? Ja.

Und am Ende ist es vielleicht der Glaube, der uns signifikant vom Computer unterscheidet. Wir Menschen können glauben, hoffen und lieben, das ist eine andere Logik als die Logik des Computergehirns. Nicht besser. Nicht schlechter. Aber anders. Vielleicht wird es am Ende Glaube, Hoffnung und Liebe sein, die wir in die neue, die andere Welt hinüberretten dürfen.

PS: Unter Jugendlichen ist derzeit ein Spiel beliebt, das nennt sich „Connected“. Das Wort beschreibt ursprünglich die Verbindung zum Netz oder von Computern untereinander. Dieses Spiel zielt allerdings auf die plötzliche Initialzündung zwischen bunt zusammengewürfelten Spielern. Nachdem ein Spielemacher einen Buchstaben des Alphabets aufgerufen hat, meldet sich ein Mitspieler und umschreibt einen Begriff, der mit diesem Buchstaben beginnt. Ein anderer Mitspieler, der ähnliche Informationen zu haben meint, ähnliche Erlebnisse, ähnliche Erfahrungen, steigt ein, ruft „connected" und zählt bis drei. Sodann wird das gesuchte Wort von den beiden verbundenen Personen gleichzeitig in die Spielergruppe gerufen. Hier treffen sich dann zeitgleiche Geistesblitze und Assoziationen, es treffen sich köstliche Missverständnisse und drollige Irrtümer. Ein großer Spaß, der eine Lachsalve nach der anderen produziert.

Diese geistvollen und geistreichen Momente, diese inspirierten Augenblicke, die dann den Ausbruch eines glücklichen Lachens evozieren, sind spielerisch und vollkommen frei. Sie kommen aus der Tiefe menschlicher Sprache und Erfahrung. Sie sind persönlich, sie sind nicht perfekt, sie sind witzig und unlogisch. Sie sind so eigentümlich menschlich.

Literatur

1 Jüngel, Eberhard. *Gott als Geheimnis der Welt: zur Begründung der Theologie des Gekreuzigten im Streit zwischen Theismus und Atheismus*. 7. Aufl., um ein Vorw. erg., Mohr, 2001.
2 Heath, Alex. „Facebook has a new mission statement: ‚to bring the world closer together'". *Business Insider Deutschland*, 22. Juni 2017, https://www.businessinsider.de/new-facebook-mission-statement-2017-6.
3 Harari, Yuval Noah. *Homo deus: Eine Geschichte von Morgen*. Übersetzt von Andreas Wirthensohn, C.H. Beck, 2017.
4 Roth, Gerhard, und Nicole Strüber. *Wie das Gehirn die Seele macht*. Sechste Auflage, Klett-Cotta, 2015.
5 Kucklick, Christoph. *Die granulare Gesellschaft: Wie das Digitale unsere Wirklichkeit auflöst*. 2. Auflage, Ullstein, 2015.
6 Kucklick, Christoph. *Die granulare Gesellschaft: Wie das Digitale unsere Wirklichkeit auflöst*. 2. Auflage, Ullstein, 2015, S. 189.